教育のために

理論的応答

田原宏人
大田直子 編

世織書房

教育のために　目次

教育のために

序

1 + 田原宏人

教育改革論が盛況である。だが、振り返ってみればいつの時代にも教育改革論は盛況であった。明治初期と敗戦直後の改革をそれぞれ第一、第二の改革と名づけ、自らを第三の改革と称する教育改革構想がここ三〇年余りの間に三度登場してきている（中教審四六答申、中曽根臨教審、教育改革国民会議）。では、今ここで教育改革を論じることにどんな意味があるのだろうか。あるいは、教育改革をいかに論じることが求められているといえるのだろうか。「教育」を「再生」するとは過去の議論をリプレイすることではなかろう。

歴史の転換期が訪れているとしきりに語られている。大枠ではたしかにそうだろう。教育もまた例外ではありえまい。実際、昨今相次いで打ち出されている教育政策は、わが国の従来の常識をほんの数年前までは想像もできなかったほど簡単に覆しつつある。

そのことは至るところで目撃され実感されつつある。地方私立大学の教職課程教員である私（田原）の周辺でも、校長を招いて学生に講話してもらうと、つい昨日出されたばかりの「これからの教師に望まれる実践的指導力」が蕩々と述べられる。愛国心教育の「評価」をめぐり、ほかならぬ小泉総理大臣・自由民主党総裁の答弁によって地方教育委員会の「勇み足」がマスコミの注目を集めてしまうという事故も記憶に新しいところである。また、いわゆる教育特区にかんする説明会では文部科学省の若手官僚たちの「熱さ」が会場を支配していたと聞く。ふと素朴な疑問が湧く。これら改革に邁進する人々はどういう気持ちで事に取り組んでいるのだろうか。

高橋哲哉は「アイヒマン的な精神が現場を動かしている」という。「『普通の人』が組織の中で自分の立場を維持するために、あるいは出世したいがために、お上の意向を進んで実現しようとした結果、恐ろしい悪事に無自覚なまま手を染めていく」(1)。なるほど、そういう側面もあるかもしれない。だがそれだけだろうか。ほかにも彼女／彼らを駆り立てているものがあるような気がしてならない。相手の言葉や行動が潜在的にもっている多様な機能や意味のうち、比較的否定しやすいものを取りあげて批判するという罠に陥ってしまってはいないだろうか。もしそうなら、それはそれで別のもうひとつの危機の徴候である。事態はもう少し複雑であろう。

今次の改革が打ち出している数々の具体策は、父母や生徒の、総じて国民の既存の学校教育にたいする批判をベースにしつつ、それに応えるという手法で編み出されている。少なくとも基本はそうである。国民対国家、教育界対経済産業界、あるいは文部科学省対財務省・経済産業省といった従来の二項対立的な枠組みが、個々の政策をどう理解するかにかんして、完全に無効化されているとは言えないまでも、そうした対立軸を背景にした言説の有効範囲は著しく狭まっているといえよう。事実問題として、今日、それに代わる枠組みの不在もしくは未確立は、改革当事者たちの使命感を高めるのに寄与しており、結果としてはからずも改革の加速要因となっている。

今日直面している事態はもはやリフォームというよりはトランスフォームの域に達しているようにも思われる。しかし、劇的ともいえる変化（の予兆）に比して、こうした教育政策の転換のもたらす正負の効果を見定める試みは、控えめにみても不十分、端的にいってしまえば貧弱である。政策を推進する側、それに反対する側、どちらの陣営の議論にも混乱と単純化がみられる。

かつて『教育学年報』創刊の辞は「新しい問題の成立は、それにふさわしい方法の確立を要請する」と謳った(2)。しかしながら、今日の情勢は、教育のいかなる事実をいかなる問題として構成するのかという「問題の成立」の局面それ自体を混沌のなかに投げ込んでいるかにみえる。

敷衍するならば、まず、ここでいう問題とはモノとして客観的にそこに在るのではなく、多かれ少なかれ思考活動によって構成されるものである。したがって、同一の事態が問題と認知されるか否か、いかなる問題と認知されるかは一義的には定まらないし、問題をいかように構成するかに応じて解のあり方もまた違ってくる。また、「問題とは、望まれる事柄と、認識された事柄の間の相違である」(3)という警句にもうなずけるところがある。問題の成立にとって認識と欲求の落差が必要条件であるとするならば、そこには必然的に評価という営みが潜んでいることになろう。近年の価値観の多様化は、問題成立のこうした局面それ自体の錯雑さを昂進させるのに寄与している。

問題を構成する時間を惜しむ者は「未熟な問題解決者」である。「経験を積んだ問題解決者すら、社会的圧力にさらされると、この『急ぎたい』という気持ちに負ける。負けてしまえば、解答はたくさん見つかるが、それが解くべき問題の解答だという保証はない。みんなが自分の好きな解答を採用させようときそいあい、他人の頑固さを攻撃し、違った視点もあり得るということに気づかない」(4)。教育のために理論を紡ごうとする者であれば、この危険性にいかに敏感であろうとも過敏ということはあるまい。

かつて教育社会学者である天野郁夫が、教育学は「基本的には『当為の学』」であると述べた(5)。求められる理論的営みについて、それに「教育のために」とあえて価値志向性を含ませたのはこの天野の指摘ともかかわっている。

社会的事象を対象とする研究が一般にそうであるように、教育を対象とするそれもまた当の社会の外部からその対象を眺めることができないという意味において内部観察であらざるをえず、アンソニー・ギデンズを借りれば、その「概念や理論、知見は、それが何であれ研究しようとしている対象のなかに絶えず『循環的に出入りしていく』」ことにより、「研究対象を再帰的に再構築していく」(6)。してみれば、教育理論は絶えず自らを刷新していかざるをえないといえば聞こえはいいが、別言すれば普遍的に妥当する理論の構築は論理的不可能事であるということになる。昨今の反本質主義的もしくは反基礎づけ主義的な教育研究をこうした事情にたいするメタ批判として位置づけることもあるいは可能かもしれない。これらの研究における教育の自明性を「宙吊り」にしてしまうというささか紋切り型のフレーズは、教育世界において教育なるものの存在根拠がつねに問われるに至っているという事態と共軛的である。

ところで、自明性を宙吊りにする教育研究には「〜べきだ」という言葉は出てこない。それは禁欲の結果というよりは、むしろ、採られている方法の必然的帰結とみなすことができる。その代わりしばしば目にするのはたとえば「抑圧」とか「規律化」といった言葉である。それらは解釈作業のそこかしこに出現し、形式的には記述命題のなかに収まっている。しかしながら、素直に読んでいくと、奇妙なことに、それらの言葉からはある拍子にネガティヴな匂いが立ちのぼってくる。「非抑圧」や「脱規律化」といったポジティヴな規範的観念を予想させるこの匂いはいったい何に由来するのか。

経験と規範の境界の曖昧さについて野家啓一はヴィトゲンシュタインを援用しつつ次のように述べている。「一群の経験命題は他の経験命題に対して『超越論的機能』を発揮しうるのである。……その機能は、知識体系の全体的布置によって定まる個々の命題の『位置価』に由来する」(7)。宙吊り研究においてこの「超越論的機能」を担う命題は表面には自らの顔を出していないけれども、盛山和夫がいみじくも示唆しているように、「相対主義はしばしば強烈な規範指向が身にまとう外皮」であるとするならば(8)、整合的な理解が得られるであろう。本質主義・自然主義に批判的なスタンスをとる一連の教育研究もまた、それを「教育的」と形容するか否かはさておき、新しい社会関係についての規範的指向に暗黙裏に駆動された、いわば反転した「当為の学」といえようか。

かくして、教育なるものの存在根拠がつねに問われる時代における、宮台真司の言い回しを借りるなら、「自明性に浸されていた選択前提（教育なるものという構造—引用者）が、選択対象となる」(9)時代における理論研究の課題を次のように設定することができよう。すなわち、教育という構造の内部で「教育問題」の処方箋を探るのではなく、再帰的前提を自覚し思考を洗練すると同時に、あるべき新しい社会関係を（教育の名のもとに）構想すること。教育改革をめぐる政策サイドやマスコミはもとより、教育の現在と未来に関心を寄せるあらゆる人々によって参照されるに足る理論がもしあるとするならば、それは少なくともこの二つの条件をクリアしたものとなろう。

最後に、本書の成り立ちについて一言。

ここに収められた論考はどれも多かれ少なかれ黒崎勲の議論に論及している。といっても、定年や暦年齢の区切りに刊行されるいわゆる記念論文集を意図したものではない。さらに、お読みなればおわかりになるはずだが、黒崎を座標軸の中心にもってこようと意図しているわけでもない。アナクロニズムや事大主義ほど本書の精神からかけ離れたものはない。敗戦後の焼け跡で花田清輝が書いているように、「個人のオリジナリティーなど知れたものである。時代のオリジナリティーこそ大切だ」(10)。もっとも、黒崎を一つのキューとして書いていただきたいというのが執筆者の方々への注文であったことはたしかである。その含意について付言しておく。

黒崎の議論はこれまで教育学の世界で主流の位置を占めてきたわけではない。にもかかわらず、それさまざまな立場の研究者から少なからず注目もされてきた。このことの意味は二重である。すなわち、一方で彼が「時代」から「新しい問題」を汲みとろうと自覚的であったということ、他方でその「新しい問題」が教育学のメインストリームでは公認されてこなかったということ。

近年、進行中の変化への黒崎の発言が増すにつれ、期せずして彼の議論への関心は高まりつつある。目次をご覧になれば、黒崎の専門とする教育行政学以外の分野の研究者の名前が多く並んでいることに気づかれるだろう。これらの論考が必ずしも黒崎の議論と立場を同じくしているわけではない。むしろ各寄稿者は独自のアプローチでオリジナルな問題を構成している。そこにこの論集の特徴がある。黒崎の議論を参照するけれどもそれはあくまでも一つのキューにすぎないというのは、教育理論の座標軸の変換を求めているのは時代のオリジナリティであるからにほかならず、黒崎がそれへの自覚的な応答者でありつづけてきたからにほかならない。

注

1 高橋哲哉『教育と国家』講談社新書、二〇〇四年、六九―七〇ページ。
2 黒崎勲「創刊にあたって」『教育学年報1　教育研究の現在』世織書房、一九九二年、iiページ。
3 ドナルド・C・ゴース、ジェラルド・M・ワインバーグ（木村泉訳）『ライト、ついてますか』共立出版、一九八七年、一五ページ。
4 同、六―七ページ。
5 天野郁夫「新しい教育学への期待」『教育学がわかる　AERAMook　13』朝日新聞社、一九九六年、一九〇ページ。
6 アンソニー・ギデンズ（松尾精文・小幡正敏訳）『近代とはいかなる時代か？――モダニティの帰結』而立書

房、一九九三年、六一ページ。
7 野家啓一『無根拠からの出発』勁草書房、一九九三年、二八四ページ。
8 盛山和夫「構想としての探求」盛山ほか編著『〈社会〉への知／現代社会学の理論と方法（上）』勁草書房、二〇〇五年所収、三〇ページ。
9 宮台真司・北田暁大『限界の思考』双風社、二〇〇五年、三七ページ。
10 花田清輝「『復興期の精神』初版跋」一九四六年（『復興期の精神』講談社文庫、一九七四年、二一三ページ）。

I

教育の
別のかたち

教育の
別のかたち

2 + 高野良一

チャータースクールの可能性の中心
——現代の法人ボランタリズム

1　争点としての教育のアカウンタビリティー

二一世紀に入り日本においても、アカウンタビリティー（accountability）が教育改革の争点として本格的に浮上してきた。大学生の学力調査や小・中学生の国際学力比較調査において、アチーブメント（学業達成）の低下という結果が示され、この結果は一九八〇年から展開されてきた「ゆとり教育」に起因するという説明が支持を得ている。アカウンタビリティーとは対外的な責任を、結果自体やその結果に対する説明において果たすことである。「ゆとり教育」政策を推進した文部科学省は当初、結果の解釈と説明において「ゆとり教育」を擁護した。しかし、PISA（OECD「生徒の学習到達度調査」）とTIMSS（IEA「国際数学・理科教育調査」）の二〇〇四年実績報告を契機に、「総合的な学習の時間」の見直しなどの政策転換を行なった。

なるほど政策の見直しや転換は結果責任の果たし方の一つかもしれない。だが、「ゆとり教育」を含む学業達成の、なにがどこが問題であるのかを事実に即して説明を行なう必要がある。さもなければ政策は「ゆとり教育」の優れた成果の部分を無視し、政策の振り子が無責任に「ゆとり教育」の方にいずれ戻されるかもしれない。その意味で、二〇〇七年度から本格実施される全国学力テストは注目に値する。「テストの結果を学校評価に活用し、教育活動の改善に役立てたい」（「日本経済新聞」二〇〇五年八月二五日）なら、実施と活用の内容・方法について事前の説明を十分になさなければならない。

言い換えれば、一九五〇年代後半から一九六〇年代初めにかけて実施され、教員の勤務評定や教科書無償制度とパッケージされた全国一斉学力テストの二の舞となってはならない。教員と学校を事前およびプロセスにおいて統制（コントロール）する政策手法の補助手段とされた学力テストが、教員や国民の反対によって挫折した経験は重い。「中央政府が個々の学校に対して教育の目標、教育活動の課題を定め、そのプロセスを監督するという形から、個々の学校の成果を評価し、それにしたがって資源配分などを行うことによって学校を監督するという形へと、教育機関（学校）と政府の関係を再定式化するもの」（黒崎、一五）にしなければならない。つまり、当時から今日に至るサポート・アンド・コントロール手法（統制のための資源配分）ではなく、あるいは内外区分論としてかつて一世を風靡し今なお支持が多いサポート・バット・ノーコントロール（教員や学校の自由と資源配分の予定調和）でもなく、教員や学校の自由とアカウンタビリティーを調整（チェック・アンド・バランス）する政策手法として、学力テストも位置づけられなくてはならないのである。

アカウンタビリティーに基づく資源配分に関わり、二つの国際比較調査結果は次のような示唆を与えてくれる。筆者が注目するのは、全体としての順位の下落自体よりも、これを引き起こす要因になった「最上位層(Best)と最下位層のギャップの拡大」(OECD当局者の解釈)であり、TIMSSの数学で得点が比較的高かったのは、塾の影響ではないかというIAEの説明である。苅谷剛彦は学習意欲も含めて「階層と教育」の相関を調べた上で、「だれもが同じように学習の意欲を失っているのではなく、それが特定のカテゴリーの子どもに顕著な現象だとすれば、学習意欲の低下は、格差の拡大を伴って進んでいる」(苅谷、i)と主張する。階級・階層、人種や性別などの社会的カテゴリーと学力を含む教育達成が相関していることは、アメリカなどの先進諸国では大きな教育問題となってきた。

今日の日本でも格差社会の到来などと命名されて、社会問題として階層化や階層の再生産が取り上げられる。教育や学校が階層の移動や平準化よりもその再生産に寄与すると、欧米の現代社会理論では通説のごとく扱われてきた。こうした理論が適用できる先進国に日本も仲間入りしたと黙認する向きもあるかもしれない。しかし、すべての子どもに教育の機会均等を保障し、良質の教育を提供することは、公教育の使命(教育の公共性)として人々のコモンセンス(良識)となってきたことも確かであろう。欧米でも、再生産や差別の解消に向けた取り組みはアファーマティブ・アクション(補償教育)などの政策と実践として積み重ねられている。公教育の中核である公立学校において、教育達成の格差を放置し再生産させることは、教育の公共性や社会正義からのみならず、少子高齢化の進むなかで人材活用の経済合理性からも許されないはずである。

アカウンタビリティーに基づく資源配分は、学業達成で劣り学習意欲も乏しい子どもに焦点を当てるものでなくてはならない。そうした子どもが下位の貧しい階層に集中するならば、広く薄く画一的に資源配分するこれまでの行政手法も再考すべきであろう。と同時に、塾の助けを借りて学業達成で中・上位を維持してきた社会階層にとって、公立学校の存在意義とはどれほどのものなのか。小学校はともかく中等学校ではブライト・フライトが都市部を中心に生じているというのが、苅谷のもう一つの指摘（苅谷、一〇四）であった。ブライト・フライトとは学業成績がよく私立学校に通う資金力のある階層の子どもが、公立学校から逃げ出す事態をさす。こうした事態はアメリカでは広く見受けられ、白人が都市部のマイノリティ地区にある公立校を忌避し、私立校や郊外の豊かな学区の公立校に移動することがホワイト・フライトと呼ばれてきた。

ところで日本の場合、公立校への忌避は一〇数万人に及ぶ不登校児という形でも生じている。私立校での不登校も存在しようが、小・中学生に多い不登校は義務教育段階の公立校の存在意義を揺るがす。不登校に対しては、これを容認しながらカウンセリングや民間教育施設への「登校」を認める行政措置がとられるようになった。しかし、不登校の子どものニーズにあわせて公立校を再生させたり、既存のシステムを大胆に革新した公立校を創造したりする教育実験は日本ではほとんどない。ただし、不登校児や既存の公立校に飽き足らない家庭のために、本稿で紹介するチャータースクールのような新たなタイプの公立学校を創りたいという、市民や教師たちの社会運動は各地に点在する。そのなかには、「どんぐり向方塾」

（長野県天龍村）のように、地方自治体と強いパートナーシップ（協力関係）を築き、教育特区を利用した学校法人（制度的には私立学校）を創設する事例も出てきた。

以上のような欧米ともかなり共通する問題状況をふまえて、この稿では、アメリカのチャータースクールを公立校を現代的に再生する教育実験の試みとして取り上げる。チャータースクールは一九九〇年代初めに誕生したが、教育のアカウンタビリティーを重要な制度的要素とする公立校である。チャーターとは学校法人の認可状を意味するが、この学校は公共的な学校法人として学区や州という行政機関から認可（authorized）されて設置される。「公費で運営される私立学校」（佐藤、四一）という定義も日本では見受けられるが、アメリカでは批判者も含めてこうした定義をするものは皆無である。この学校制度においては、認可要件として教育達成と財政運営に対する結果・説明責任が明示され、それが実現できなければ認可の取消しや更新（renewal）不可となる公共ルールが設定されている。

チャータースクールというアイデアを生み出したテッド・コルデリーは、「チャータースクールは、公教育の主流である学区セクターのなかに、根本的に改善を引き起こすシステム変革である」（Premack, 5）と主張する。マグネットスクールなどの個性豊かな教育をする公立校はこれまでも創られてきたし、伝統的な（traditional）公立校とか学区学校（district school）と呼ばれる従来校でも改善は様々に行なわれてきている。しかし、それらはいずれも教育官僚制による学校設置・管理の独占というシステムを前提とした学校改革である。これに対して、チャータースクールは黒崎勲の言葉を借りると、「学校と政府の関係の再定式化」であるとともに「市場と学校という形での再定式化」といえる。前者の再定式化は前述したようにアカウンタビリティーに基づく公費支出（資源配分）であり、後者は学校選択制の導入である。

チャーター・スクールとは、チェスター・フィンによれば、「従来の公立と私立の多くでも、いくつかの要素は見つけだせる。しかしながら、これら（一〇個）の要素が一体となって機能している」学校システムである。一〇の要素を整理すると、学校の自由、アカウンタビリティー、学校選択のほかに、小規模校、地域社会との連携、教員の専門職主義、親の参加が構成要素にあがり、これらを組み合せた（新結合させた）学校である。もっとも、全米四〇州で法制化されたチャーター・スクールは、その設置の実現可能性と学校の自律性を指標として、可能性と自律度の高い「強い法」とそれらが低い「弱い法」に分けられ、各要素のブレンドも多様である。

しかも、各州では新設校（start-up）と従来校からの転換校（conversion）のどちらを優遇するかも異なり、当然、転換校の内実は新設校より転換前の学校に似ており、公立転換校では自律度が低く標準テスト準拠になりやすく、小規模性も減じる。私立転換校では地域連携が弱く、教育の自由の名の下に世俗性が不徹底となりやすい。また、新設校の場合も、親や教師たちが手作りで創設にこぎ着けた個人商店型（'mom and pop' charter school）もあれば、営利企業などが学校プランを創り委託を受けてプランを実施するＥＭＯ（education management organization）型もある。なお、ＥＭＯには、エジソン社のごとき全米をフランチャイズとする市場ビジネス型もあれば、地域密着の地場産業やＮＰＯが運営するＥＭＯもあり、後者は個人商店型に似ている（高野、二〇〇二a、一四三〜一四五）。

フィンが列挙した要素をすべてバランスよく満たし、システム革新としての性格をもっとも体現したタイプは、個人商店型の中にに見出しうる。ミネソタ州で最初のチャータースクールができて一五年を経過した今、個人商店型は数として多い。だが、市場ビジネス型が安上がりな公立「失敗校」の代替として利用されたり、宗教右翼に属する親や教師たちがこの制度を利用して私立転換校や新設校を創るケースもある。つまり、法制度とは「乗り物（vehicle）」であり、各州の現行ルールで許容される範囲で多様性が出現するのは当然といえる。それ故にシステム革新性をいかに公共的なルールとして整備するかは、学校制度改革のいわば永続的な課題となる。

ここまで、チャータースクールはアカウンタビリティーを不可欠な要素とし、教育の自由、学校選択、小規模性、地域連携、参加、専門職主義も構成要素とした革新的な公立学校システムでありうると述べてきた。では、チャータースクールの〝可能性の中心〟はどこにあるのか。可能性の中心とは、論争という形の「意識的に叙述された形式」を超えて、それとは異なる「思惟されていないもの」や「ラディカル（根底的・根源的）な」可能性を指す（柄谷、一〇、一一、二四三、二四四）。その中心は、チャータースクールが、3で紹介する法人ボランタリズム（corporate voluntarism）の現代的嫡子として、公共的な学校法人の現代的形態となりうる可能性にほかならない。

黒崎勲にとって、チャータースクールは対外的に取り結ぶ関係の再定式化に資する意義があるのであろう。筆者は公共学校法人のマネジメント（経営管理）の対外的側面に留意しつつも、内部のガバナンス（統治）とアドミニストレーション（管理運営）に着目したい。学校が対外的に自律しうるには、内部のガバナンスとアドミニストレーションという自己組織能力が鍵となるからである（なお、本稿でのマネジメント・ガバナンス・アドミニストレーションの用語法は経営学に準じている。高野、二〇〇六年参照)。

ところで、日本における公共学校法人といえば、私立学校法人と国公立大学法人が存在する。私立学校法人は文部科学省や都道府県による事前およびプロセス統制が緩和され、政策誘導的な実績に基づく資源配分に強く影響されるようになってきた。新たな公共規制(ルール)の創造は外部評価の導入などで局所的になされてきたが、もっぱら法人の自助努力にゆだねられる。それ故、受験・就職・研究市場における競争ルールに支配されやすく、市場に即応すべく「強い(strong)」学校長が学内官僚制を利用してマネジメントする手法が横行しつつある。同様のことは国公立大学の法人化にもいえよう。こうした政策と制度化が進む中で、リベラルや革新派は反対はすれど対案を示せず、学校法人の可能性を構想することも少なかったのではなかろうか。

筆者が学校法人としてのチャータースクールに注目するのは、日本の学校法人の理論と現実に対する危機感からである。なお最近、羽田貴史は、「公財政の投入を前提とした上で、法人化に組織体としての自律性を確保し、グローバルな経済競争のもとでの大学へのニーズに対応する制度的枠組みの形成、アカウンタビリティとオートノミィの調整原理の形成こそ、国立大学法人化の目指すべきものであった」(羽田、一四二)と論じている。自律性とアカウンタビリティーの調整こそ、本稿の分析枠組みに他ならない。羽田のように日本における学校法人の歴史を振り返りつつ、学校法人の現状を批判的に検証する試みも出はじめたことに着目しておきたい。

2　リベラルと革新派のチャータースクール論

チャータースクールの具体的な事例を紹介する前に、この学校システムがアメリカでいかに評価されているかを見ておきたい。アメリカではチャータースクールは論争の的となってきた。筆者などはこの学校が持ちうるシステム革新性を肯定的に評価するが、公立学校改革を志向するリベラルや革新派（Progressives）のなかには、システム破壊的な性格を強調しこれを批判する者が少なくない。学校選択がチャータースクールの制度要素の一つであり、今世紀に入り連邦と州が加速してきたアカウンタビリティー政策にも順応しやすいと考えられて、これまで築かれてきた「唯一最善のシステム（one best system）」を破壊すると警戒されるからである。

学校選択の是非をめぐっては、日本でも藤田英典と黒崎勲の論争が知られている。この論争は、日本の現状認識のみならず、アメリカの論争も参照するものであった。また、学校選択の是非を含むチャータースクールへの反対論については、チェスター・フィンたちの『チャータースクールの胎動』第七章に一〇項目にわたり論点の整理がなされている。ここでは、1節を補足することも意図して、最近のアカウンタビリティー政策に焦点をあてた批判を紹介したい。ブルース・フラーなどの研究者や教師が共同執筆した『私たちの学校を救おう』には、「落ちこぼれの子どもをなくす法（No Child Left Behind）にノーと言おう」と副題が付されている。NCLB法とは現ブッシュ政権が二〇〇二年に立法化し、州が実施する標準テストや高校卒業率などの数値によって、結果・説明責任をすべての公立校に毎年度負わせた連邦法である。

執筆者たちがノーと言うのは、「学区や州教育当局、学校管理職、教員、生徒、親に懲罰（punishments）のシステムを通して、不可能なゴールの遵守と達成を強いる」からである。特に、「失敗した（改善が必要）とラベルを貼られた学校は閉校され、州当局に乗っ取られたり、私立や営利の学校組織に転換されかねない」（Goodman, 7）からである。数値目標によるアカウンタビリティー管理が「懲罰システム」と断じられて全否定される。ところが、ある世論調査によると、「ほとんどの親がNCLB法をよい意図を持つと考えており、三分の一は成功に報いる一方で失敗を罰するものとこの法を見なしている」（Goodman, 5）。そこで、フラーたちはNCLB法が懲罰であることを暴き、この悪意を世間に広く知らしめようというわけである。

では彼らは公立学校の現状をどう評価するのか。彼らも公立校が完全でもなければ改善の必要がないとは言わない。しかし、「私たちの学校は世界がこれまで達成した最善（the best）の部類に入る」（Goodman, 300）と肯定的に評価する。「唯一最善のシステム」の根拠に掲げられるのは、教育機会の自由なアクセス、高校卒業率の増大、教員の専門職化、効果的な教育内容・方法を基礎づける教育研究と理論の存在である。教育の質に関わるアカウンタビリティーは視野の外におかれ、改善の必要はもっぱら「教育のための適切な条件整備（support）の欠如」に向けられる。学校施設の老朽化、専門性を持つ教員の不足、農村や都市スラムの子どもの教育への不平等な資金配分（unequal support）が改善目標となる。

要するに、フラーたちが唱える学校と政府との関係は、サポート・バット・ノーコントロールであり、この種の関係定式への信奉は先にも触れたが日本でも見うけられる。筆者も教育資金をはじめとした資源配分を充実すべきことに異存はない。都市スラムに居住して不利な教育環境下にある「特定のカテゴリー」の子どもに対して、富裕な子どもが享受するのと同等な資源配分がなされることも重視したい。だが、その子どもたちが資源配分の恩恵を教育達成として享受しているか否かも確かめず、資源配分を求めることはもはや許されないのではないか。階層化や階層の再生産をくい止める努力を結果・説明責任において果たせないなら、公立学校とその教員の存在意義はなきに等しい。

さて、リベラルや革新派の中にも、チャータースクール支持者はいる。リベラルの代表として、セオドア・サイザーの見解を聞いてみよう。サイザーはハーバード大学やブラウン大学で教授を務め、学校改革運動として著名な Coalition of Essential Schools の創始者であるばかりでなく、マサチューセッツ州にあるパーカー・チャータースクール（Francis W. Parker Charter Essential School）の校長経験者である。彼にとってNCLB法とこれと連動した州アカウンタビリティー制度は両義的な存在である。「NCLBはチャータースクールを煩雑な日常業務に導き、結果として学校を駄目にする効果を持ちうる」。しかし他方で、「私はマサチューセッツ州の賞賛すべきパーフォーマンス・レビューを体験した。その評価の核心は、生徒の学習活動（work）に対する精力的な現場視察（in-school inspection）である。……テストの点数はレビューの一部であるが中心ではない。視察者は生徒のポートフォリオを無作為に調査する……。視察者は全体として学校に公正な感覚をもつ。全面的な視察は五年ごとだが、焦点を絞った学校訪問は毎年ある」（Sizer, 60）。

ここにはチャータースクールに対するアカウンタビリティー制度が、州標準テストと視察に基づくパフォマンス・レビューの二本立てであり、その微妙なバランスを見逃さず使いこなす知恵がある。そこで、「パーカー校の生徒は州標準テスト（MCAS）、学業達成テスト（Stanford 9）、大学進学適正試験（SAT）を受ける。……これらは唯一のデータでもなく主要なデータでもない」（Sizer, 60）と、テストの相対化もなされる。サイザーは真正なる評価（authentic assessment）の支持者であり、リンダ・ダーリング＝ハモンドたちのその分野の研究書（Darling-Hammond）にも序言を書いていた。だが、標準テストや学力達成テストを全否定せず、ポートフォリオを重視しながら限定的に活用する道を選ぶのである。

こうしたアカウンタビリティーを自ら制御して受け止める背後には、既存の「唯一最善のシステム」に対するサイザーの批判がある。「公立校の伝統的デザインが非効果的（ineffectiveness）である証拠は、特にミドルスクールとハイスクールでは、貧しい階層と富裕な階層向けのどちらの学校にも膨大にある」（Sizer, 59）と主張する。規則（norm）が支配する学年制の学校、だから教師が一二〇人以上の生徒を担当できる学校、そこでは学習は五〇分刻みであり、知的に一貫した階梯もないし、評価も分断された知的領域の知識を測り、独創的で長期の分析的な学習を犠牲にして、短期の記憶学習が高い価値を持つ。カリキュラムは教科と技能のリストとして生徒と教師に示され、理解を深め価値ある習慣を形成させるじっくり時間をかけて専念できる活動（practice）と切り離されている。サイザーが批判するアメリカを支配する伝統的な中等学校のデザインが、日本のそれとぴたりと重なると驚くのは筆者だけであろうか。

しかもサイザーは、これに代わる斬新な学校デザインをパーカー校のようなチャータースクールで自ら実験してきたわけだが、チャータースクールが前提とする法制度（「乗り物」）の現状に満足しているわけではない。むしろ「チャータースクールは伝統的公立校よりも自律性を持つけれども、四〇州のほとんどでこの学校に強い規制を課している」（Sizer, 61）と評する。具体的には学区と教員組合との労働協約による制約、免許をもつ教師比率を定める規制、州への年次報告書の提出義務、そしてチャータースクール認可数の上限規制を指す。先に触れたが、NCLB法をはじめとする「外部基準（external standard）」（Sizer, 61）の内容も批判対象である。つまり、サイザーはアカウンタビリティーを含むチャータースクール・システムを全否定する立場ではないが、全面的に現状肯定するわけでもない。このシステムを改善しながら使いこなす「第三の道」を模索する立場にほかならない。

「第三の道」を明確に標榜するリベラルとして、民主党内に革新的政策研究所（Progressive Policy Institute：PPI）という政策集団がある。PPIの「二一世紀学校プロジェクト」のディレクターであるアンドリュー・ローザーハム（Rotherham, A.）は、本稿で事例にするカリフォルニア州のチャータースクールに関する調査報告書（Smith）の前書きでこう立場を語る。「当研究所の根本哲学は、この社会と経済を再生させる力強いパワーと一致しない、時代遅れの左翼と右翼の論争によってアメリカが衰退しているという信念である」。公教育については「公立学校がその所有（ownership）によるよりも、諸規則と公的なアカウンタビリティーによる運営によって定義づけられるというアイデアが、すばらしい成功や挑戦をもたらし、論争を巻き起こしてきた」と、その定義を刷新する。そこで「この国のいたるところで、チャータースクールは新しいアイデア、新しい解決法、新鮮な思考を発散させている」と評価する。政府は学校の独占的所有者としてでなく、規制とアカウンタビリティーにより学校との関係を再定式化することになるわけである。

さらに、現代の革新派（プログレッシブ）を自認する研究者のなかには、チャータースクールのマネジメント（特にガバナンス）に注目する者がいる。エリック・ロフェスもその一人であり、階層の再生産と学校改革の関係に焦点をあてる。「（ピエール・）ブルデューは強大な学校官僚制（school bureaucracies）がもつ再生産の性格を批判し、抵抗の可能性を追求するには公教育の再編が必要であると示唆した」（Rofes, 253, 254）、と。再生産に抗う改革は、「再生産の装置である学区から革新的で新しい学校セクターを切り離し、これに自律性を持たせ、新しい形態の分権化されたガバナンスに即して、カリキュラム、教育理論、組織文化に対する学校現場のコントロールを増大させる」（Rofes, 254）ことである。

ロフェスはまた、抵抗のための改革では「貧しい労働者階級の家族から子どもを移動させる必要もあるかもしれない」と、学区のみならず家族からも距離を置く施設として学校をとらえる。「貧困の文化」の再生産を断ち切る装置として学校を位置づけることは、革新派一般に通じる姿勢である。そこで、貧しい親でも地元の伝統的公立校への不満を持つことを梃子《てこ》にして、「生徒の学業達成に焦点を当て、また公教育システム内部で親と生徒に教育の選択機会を提供する」（Rofes, 254）改革を肯定する。学校選択は自律的な統治とともに、貧困層をターゲットとした学校システム改革の柱に位置づけられ、チャータースクールが支持されるのである。ただし、現状のチャータースクール政策は州によって多様である。カリフォルニア州をはじめとして、「貧しい労働者階級のコミュニティーがチャータースクールを申請できるようなインセンティブを創っていない」(Rofes, 255)と、彼はサイザーと同じく制度の現状を批判することを忘れない。

ロフェスは別論文でミネソタ・ニューカントリー・スクール(MNCS)というチャータースクールを分析して、教員の協同組合を基礎としたその独自のガバナンスに言及していた。また、ロフェスの共著にも寄稿したステイシー・スミスも「熟慮ある民主主義(deliberative democracy)」論に依拠しながら、ウインスロップ・アカデミーの事例を「学校統治はより包括的で、市民参加(civic participation)の倫理が生徒にも大人にも形成されうる」と分析していた(高野、二〇〇三b、五五、五六)。アメリカにおいても、学校選択とアカウンタビリティー指標である学業達成、それに階層・人種構成という三者の相関が、チャータースクールをめぐる論争の俎上にのぼることが多い。それ故、学校マネジメントやガバナンスに対する研究的な関心は弱く、その実態に迫る参与観察には時間もかかるので多くない。しかし、多様ともいえるチャータースクールの功罪を判断するためには、外在的で抽象度の高い数量的研究のみでは不十分であり、内在的で具体的なマネジメントの質的研究こそが必要となろう。

3 法人ボランタリズムの現代的形態

筆者は、チャータースクールを法人ボランタリズムの現代的形態と見なしている。マネジメントに焦点づけて事例を紹介する際の補助線になるので、法人ボランタリズムという概念を簡単に説明しておく。アメリカ史の研究者であるマイケル・カッツは、公教育形成期である一九世紀に、四つの公立学校の組織モデルが競合したことを実証的に論じた。そのモデルの一つが法人ボランタリズムであり、これと前後して家父長的ボランタリズム(paternalistic voluntarism)が誕生し、次いで民主的地域主義(democratic localism)が登場し、最後に初期官僚制(incipient bureaucracy)が出現したという。つまり、組織モデルの主流がボランタリズムから官僚制へ展開していったと概括する。こうした歴史モデルを抽出した彼の意図は、「唯一最善のシステム」として揺るぎない地位を築いてきた教育官僚制を相対化して、異なるモデルの現実的可能性を示すことにあった(高野、二〇〇二a、一九四―一九七)。

法人ボランタリズムを体現した学校は、主として中産階級以上の子弟の中等教育機関として当時普及していたアカデミーである。その学校マネジメントは「有志による無任期の理事会によって担われ、理事会が『資金を集め、校長を雇用し、州による法人認可(incorporation)を受け、最高経営者・監査者として活動した』」(高野、二〇〇二a、一九六、重引はカッツからの翻訳)とされる。政府(州)による認可や理事会によるガバナンスはチャータースクールの制度要素と一致する。入学機会も公開原則に基づき、親の学校選択も当然であった。ただし、当時のアカデミーは厳密な意味で公立学校ではない。確かに校地の無償払い下げや公費補助を受けたが、授業料と寄付金が財政運営の基礎である。もっともカッツ自身は、一九世紀初頭には公立と私立という二分法を適用できないとしつつ、公共機関と位置づけた(高野、二〇〇二a、一九七)。

これに関連して、すでに紹介したサイザーが興味深いことを語っている。「私は二度チャータースクールの校長をした。一九九七年から九八年のパーカー校、そして一九七二年から八一年まではマサチューセッツ州アンドバーにあるフィリップ・アカデミー。（中略）フィリップの認可状は一七八八年にマサチューセッツ革命議会が承認し、その議長のジョン・ハンコックがサインした」（Sizer, 60）、と。フィリップ・アカデミーは今日では私立学校に属し、チャータースクールという法制度も一九七〇年代には存在しないことは重々承知である。サイザーの中では、新旧の法人ボランタリズムの学校として同じなのである。また、これから紹介する事例を含めて、新設校のチャータースクールでもアカデミーを校名にすることが稀ではない。これは決して偶然とはいえないわけである。なお、日本の私立校がアメリカの現在の私立校より、行政認可と私学補助を受ける点でチャータースクールに近いことにも留意したい。

では、学校マネジメントに注目しつつチャータースクールの事例を紹介しよう。本稿では紙幅の関係で、筆者がもっとも注目する事例の一つをスケッチするに止まる。カミノ・ヌエボ・チャーター・アカデミー（Camino Nuevo Charter Academy）がこれから取りあげる学校であり、カリフォルニア州のロサンジェルス統合学区（ＬＡＵＳＤ）が認可した学校である。校名に「新しい道」を意味するスペイン語が用いられているように、ラティーノ（Latino. スペイン系中南米出身者）が多く居住する、都心に隣接した貧困地区に立地する。日本で進む格差社会のいわば先進地において、エリック・ロフェスの表現を借りれば、貧困の再生産に抵抗するために新設されたチャータースクールである。

法人ボランタリズムがチャータースクールの実質であると、筆者は繰り返してきた。金子郁容の言葉を借りて、この実質をテーマ・コミュニティーと言い換えてもよい。テーマ・コミュニティーは教育学用語でいえば「学びのコミュニティー（共同体）」となる。しかも金子は「テーマ・コミュニティによるローカル・コミュニティ再興にこそ着目する」（フィン、四一五）と筆者は見なしている。カミノ校に注目する理由は、学校のマネジメントにこうした両者の関係が具現されているからである。しかも、なるほど同校に通う子どもと親のほとんどは、その地域特性によってラティーノである（入学者の九五％）。だが、アメリカ社会から遊離した「身内優先主義（tribalism）」（フィン、三五七、三五八）にも陥っていない。

それを端的に表現するのが教育目標である。「自分の周りの世界に感応しながら、社会正義（social justice）の担い手となるべく、教養があり批判的に思考し、自律した問題解決者となるために大学進学準備」（Handbook, 2）の教育を行うことを親や生徒に方針として明示する。だからといって、標準テストや大学進学適正試験向けの教育活動を行うわけではない。州の教育アカウンタビリティー法（Public Schools Accountability Act of 1999）の適用を受けるのでテストを無視はできない。しかし、教育課程編成の基本はプロジェクト学習である。「カミノ校では子どもたちは、最新の情報技術も活用しながら、プロジェクト学習を通して学び成長する。われわれ教職員は生涯学習者（life-long learners）を創ることに専心し、彼らがわれわれの地域社会と世界において、学問的教科を超えて、責任ある活力に満ちたリーダーとなることができるように努力する」（Overview, 1）、と表明されている。

では実際に、教育達成のアカウンタビリティーは果たされてきたのか。ＮＣＬＢと連動した州法に規定された学業達成指標であるＡＰＩ（Academic Performance Index）を見ると、二〇〇二年四五三ポイント、二〇〇三年五九八、二〇〇四年六四一、二〇〇五年六五一と着実に上昇している（各年度 School Accountability

Report Card から抽出)。カミノ校は二〇〇一年に学区(LAUSD)の認可を受けたが、混沌とした創設期の数値は確かに低い。それが数年(〇四、〇五年)で学区平均を少し上回る程度に達したのである。親が英語も満足に話せない貧しい移民家庭の子どもがこの数字を達成したことを考えると、大きな成果である。この成果を支えるのが学習指導評価表(rubrics)の開発であり、そこではプロジェクト学習をはじめとする学習指導が、いかにアカデミックな知識や技能の形成につながるかが重視されている。しかも、教育指導の充実をはかる場として、夏休みに集中実施される校内研修を中心とした教職員の共創(同僚性)も大切にされている。

教育課程運営に踏み込んだので、学校マネジメント全体の骨格を説明しよう。カリフォルニア州チャータースクール法は、その設置主体を「非営利公益法人(nonprofit public benefit corporation)」と規定している(なお、有名なエジソン社のような営利会社も、運営委託されれば参入可能となる)。カミノ校の母体は、プエブロ・ヌエボ・ディベロップメント(Pueblo Nuevo Development)というNPOである。このNPOは牧師出身の社会起業家であるフィリップ・ランスが中心になり、雇用の確保などの地域活性化を目的に設立された。そして、当然の成り行きだが、貧困の再生産から地域の持続的な発展に転じるために、彼は子どもの教育に関心をむけることになる(Deal, 55, 56)。

ランスは社会起業家として、資金調達などの財務と組織の経営管理ではスペシャリストといえる。しかし、教育的専門性は持たず、当初はチャータースクールという存在すら知らなかった。そこで、ロサンジェルスで貧困な子どもを対象に教育達成で成果を上げていたチャータースクールであるアクセレレイティド・スクール（Accelerated School）に学ぶ。同校の優れた教師で二つの修士号をもつアナ・ポンスをカミノ校に招く。なぜ既成の公立校の誘致でなくチャータースクールをモデルにしたか、ランスはこう振り返る。「政府資金によってサービスを提供する組織は、往々にして政府に準じた官僚制に陥る」（Deal, 56）。カミノ校は創設時には一〇〇人ほどの個人商店型の小学校（K-8）であった。急増する入学希望者に対応しつつ小規模性を保つために、現在は三つの校地ごとに管理運営の単位（二小学校と一ハイスクール）を分散させている（二〇〇四年段階で生徒総数一、一二五人、入学希望待機者一、〇五〇人）。

教育専門家であるアナ・ポンスは、三校の教育活動と学校財務の総括責任者（executive director）であり、その下に各校（地）の校長が現場の学校管理職の役割を担う。言い忘れたが、チャータースクールの統治（最高意志決定と内部監査）を行う理事会は一二名の理事（二〇〇五／〇六年度）で構成され、理事長がランスであり、ポンスも投票権のない理事の一人である（同校教員一名も投票権なしの理事。投票権がないのは両名が理事会の被雇用者であるという理由から。ポンスへの二〇〇五年九月七日聞き取りによる）。理事会の議長は企業人であり、財政運営に欠かせない寄付による資金調達を円滑にするために民間財団関係者が三名も理事に加わり、親代表や他校の教師、地域活動家も理事メンバーである。

カミノ校のマネジメント構造は、学校施設や資金調達の経営責任者と、教育上の総括責任者をトップにすえ、この両者を支えモニターする理事会、教育上のミドル管理運営者である三人の校長、それに教職員集団から構成される。こういうと縦系列（ライン）重視のヒエラルキーな組織に聞こえそうだが、相互の役割や権限を尊重しつつ、昼食をともにするなどの自発的な交流や会議における水平的コミュニケーションによって日々のマネジメントは営まれる。忘れてならないのは、親の学校参加である。親はこの学校を選択すれば終わりではなく、学校の諸活動への参加を促される。カリフォルニア州のチャータースクール法は、親の参加（parent involvement）を認可要件にする（Smith, 11）。それにもまして学校が距離を保ちつつ、家庭と連携しなければ学校の教育活動の成果も上がらないからである。親の会（Site-Based Council）が組織されたり、子どもや親と学校との在学契約（双務契約）を可視化する宣誓式（pledge）も行われる。

つまりカミノ校では、地域ＮＰＯや民間寄付者・団体に体現されたローカル・コミュニティーのボランタリズムが、学校内部の教師や親のボランタリズムと接合されていると言い換えてもよい。筆者は、「二重の自発的コミュニティーが基盤になるとすると、チャータースクールは民主的地域主義の要素もはらむ法人ボランタリズムであるといった方がよいかもしれない」（フィン、四一五）と示唆したことがある。これを裏付ける事例を目の当たりにすると、学校選択と学校参加を対立させて把握する思惟は不毛に映る。また、アクセレレイティド・スクールとはヘンリー・レビンが一九八六年に立ちあげた民間の学校教育改革運動の総称（Levin, 2001）でもあり、彼は教育の市場化（privatization）批判で著名な左翼の教育研究者である。カミノ校はこの運動から学んでマネジメント・スタイルを形成してきたとすると、チャータースクールを市場原理主義や右翼の利用する「乗り物」だと拒絶する背後に控える、右翼―左翼の二分法的思考も再考を要するだろう。

まとめに代えて

マイケル・カッツの組織モデルに依拠しながら、しかも少ない事例で多くを語りすぎたかもしれない。また、日本のリベラルや革新派がチャータースクールの思想系譜と現実態を自ら精査せず、彼らと思想傾向を同じくするアメリカの多数派による批判を鵜呑みにしているので、少数派の主張を少々持ち上げ気味であったかもしれない。しかし、チャータースクールの可能性の中心と見なした公共的な学校法人のあり方は、私立学校法人や国公立学校法人のゆくえと関わり、日本でも大きな教育改革のテーマに違いない。アカウンタビリティーと学校法人のチェック・アンド・バランス（調整）や学校法人のマネジメントについて、チャータースクールから学べることは多いはずである。

新しいタイプの学校法人といえば、日本の教育改革でも特区を利用した私立学校の規制緩和と並んで、「特定学校運営事業者」というアイデアが話題にされたことがある。このアイデアはチャータースクールにも学んで提起されたようだが放置されたままである。筆者は特区という実験道具が、規制緩和だけの「乗り物」になることに警戒しつつ、うまく使いこなせば可能性もあるとみている（高野、二〇〇二b）。チャータースクールはこの一〇数年で三、六二五校、生徒数一〇七、七万人（二〇〇五年一〇月現在、**The Center for Education Reform**の統計から）に達しているが、アメリカの公教育システム全体から見れば小さな実験である。

しかし、チャータースクールは貧困や階層の再生産に抵抗する実験学校ともなり、本稿では紹介できなかったが、新中間層のホワイトフライトをくい止める役割も果たしてきた。日本でも都市部を中心に、不登校のような忌避の形もとるなかで、子どものニーズに対応する公立校の実験が求められてきた。日本版チャータースクールを求める市民や教師の民間運動は、その現れである。チェスター・フィンはこのことを、「チャータースクールが『隙間（ニッチ）』の市場を持っている」（フィン、二六五）と指摘するが、この学校は創造的なニッチ・スクールなのである。

ところで、このニッチ・スクールは、決して突飛なものではない。公立学校システムの形成期に実在していた法人ボランタリズムの発展形態とみなせる。また、フィンも指摘したように、一つ一つの制度の構成要素は現在の公立校や私立校にも存在している。しかし、これらの要素を選んで新結合させたところに、チャータースクールの独自性がある。この意味でチャータースクールのシステム革新性は、シュンペーター的「企業家（起業家）活動」（シュンペーター＝清成、一五七）の発露なのである。

こうしたニッチの教育実験学校を既存システムの「武装解除」などと称して拒絶することは、学校システム全体の改革に寄与するのであろうか。最後にリベラルにも支持者が多い佐伯胖の言葉を紹介して終わろう。「重要なことは、未知性を制度の前提についての変更に活用させる道を制度化し、制度改革を制度化することである」（佐伯、三〇四）。

引用文献

柄谷行人『マルクス　その可能性の中心』講談社学術文庫、一九九〇年

苅谷剛彦『階層化日本と教育危機』有信堂、二〇〇一年
黒崎勲『教育の政治経済学』東京都立大学出版会、二〇〇〇年
佐伯胖『「きめ方」の論理』東京大学出版会、一九八〇年
佐藤学『教育改革をデザインする』岩波書店、一九九九年
シュンペーター、J・A（清成忠男訳）『企業家とは何か』東洋経済新報社、一九九八年
高野良一 二〇〇二a「アメリカにおけるボランタリズムと学校改革」『法政大学文学部紀要』第四七号、二〇〇二年
高野良一 二〇〇二b「教育起業とローカル・ルール」『季刊教育法』No.135. 二〇〇二年
高野良一 二〇〇三a「小さなチャータースクールの現実と可能性」『法政大学文学部紀要』第四八号、二〇〇三年
高野良一 二〇〇三b「個人商店型チャータースクールと教師の協同組合」法政大学教育学会『教育学会誌』第三〇号、二〇〇三年
高野良一 二〇〇六「『第2の波』以降のシカゴ学校改革とソーシャル・キャピタル」法政大学教育学会『教育学会誌』第三三号、二〇〇六年
羽田貴史「国立大学法人制度論」広島大学『大学論集』第三五集、二〇〇五年
フィン、チェスター・Eほか（高野良一監訳・解説）『チャータースクールの胎動』青木書店、二〇〇一年
Camino Nuevo Charter Academy = Handbook, *2005-2006 Parent/ Student Handbook*, 2005.
Camino Nuevo Charter Academy = Overview, *Overview of Education Program*, 2004.
Darling-Hammond, L. et al., *Authentic Assessment in Action*, Teachers College Press, 1995.
Deal, T. E. and Hentschke, G. C., *Adventures of Charter School Creators*, Scarecrow, 2004.

Goodman, K. et al. eds, *Saving Our Schools*, RDR Books, 2004.

Levin, H. M., *Learning from School Reform*, International Conference on Rejuvenating Schools Through Partnership, 2001.

Premack, E., *The Charter School Development Guide*, Fifth California Edition, 2003.

Rofes, E. and Stulberg, I. M. eds., *The Emancipatory Promise of Charter Schools,* State University of New York Press, 2004.

Sizer, Th., 'Don't Tie Us Down', *Education Next,* Summer 2005, Hoover Institution.

Smith, N., *Catching the Wave, Lessons from California's Charter Schools,* Progressive Policy Institute, 2003.

3 ＋ 小玉重夫

学校選択と政治概念の転換

1　はじめに――戦後教育と政治的意味空間の解体

戦後日本における公教育の拡充過程が、福祉国家的分配機能の脆弱性を伴うものであったことはつとに指摘されている（小玉、二〇〇二a）。イギリス、アメリカなどの場合、労働党や民主党など社会民主主義ないしはリベラル左派的な志向性をもつ政権に強く主導された福祉国家政策が、一九六〇年代以降の公教育拡充の中心的役割を果たした。これに対して同時期の日本では、非政策的な次元での、家族、学校、企業社会のトライアングルが、福祉国家を代替した（小玉、二〇〇三）。このような戦後日本における非政策的な次元での福祉国家の代替は、福祉国家的分配機能の脆弱性を特徴とし、財の再分配に関する問題が政治的な議論の対象とされることなく社会レベルにおいて解決されたことを意味した。政治学者の佐々木毅は、戦後日本で分配問題が政治的な議論の対象とされることなく社会レベルで解決されたことに着目し、これを「政治的意味空間の解体」として位置づけている（佐々木、一九八六）。

こうした戦後教育における福祉国家的分配機能の脆弱性と政治的意味空間の解体という事態に対して、戦後教育学は、必ずしも有効な理論的対応をしてきたとはいいがたい。それは、戦後教育学が教育的価値の固有性を国家統制から守ることに力点をおいたため（小玉、一九九八）、教育と福祉国家的分配機能とのリンクについて正面から議論することが回避されてきたこと、さらに言えば、「〈配分をめぐる政治〉の不在と〈統制をめぐる政治〉の突出」（広田、二〇〇四：一六）に起因するものであるということができる。

同様のことを、黒崎勲は教育行政の領域における戦後教育学の主流パラダイムとなった国民の教育権論について指摘し、「国民の教育権の概念を軸とする教育行政理論の枠組みはアンチ教育行政学と自称するものだが、それは教育問題の根源を教育行政当局による教育統制行為に求め、教育問題が教育統制行為の否定によって解決するものとした」と述べている（黒崎、二〇〇五：六）。ジョン・ロールズの正義論を積極的に導入し、福祉国家における再分配の論理を教育制度論と接合しようとした黒崎の一連の仕事は、まさにそうした「教育問題が教育統制行為の否定によって解決するものとした」戦後教育学の主流に対して異議を申し立てるものであった。それは、「日本における教育制度論はあまりにも規範的性格にしばられたものであるといわざるをえない」という批判から出発し、「教育活動を規範的に規定するだけでなく、実際の機能に即して制度化するという方法意識」に支えられたものであった（黒崎、一九八九：三三一）。

その一方で、やがて一九九〇年代以降になると、学校選択制をはじめ一九八〇年代以降の教育政策の潮流として欧米で台頭した福祉国家再編の波が、特有の偏差を伴いつつも、日本における教育政策の文脈変容にも確実に影響をおよぼすようになっていく（小玉、二〇〇二a）。このことは、今日、日本において教育と政治の関係を考えるうえで、二重の課題を突きつけている。すなわち、一つは、前述した福祉国家的分配機能の脆弱性による政治的意味空間の解体という事態に対していかにして対応するかという、戦後日本に固有の課題である。もう一つは、ポスト福祉国家段階の公教育をいかに構想しうるかという、グローバルに各国が共通に直面する課題である。この二つの課題を同時に追求しなければならないという点にこそ、日本における教育改革が現在直面する固有の困難性がある。

このポスト福祉国家段階の日本が直面する二つの課題を引き受けるためには、福祉国家段階における分配をめぐる政治という論点に加えて、政治的なるものの新たな位相を射程におさめる必要があるのではないだろうか。言い換えれば、私たちは、統制をめぐる政治の突出を批判し分配をめぐる政治、あるいは「〈配分をめぐる政治〉」（広田、二〇〇四）を復権させることに加えて、分配をめぐる政治とは相対的に位相を異にする、ポスト福祉国家段階に固有の新たな政治を視野に入れる必要があるのではないか。

本稿では、以上の問題意識から、アメリカを中心として展開されている学校選択論に関する議論のなかから、ポスト福祉国家段階に固有の政治を抽出したい。結論を先取りしていえば、このポスト福祉国家段階に固有の政治を〈構成的政治〉として概念化し、そこに、分配をめぐる政治からの政治概念の転換を読みとることを課題としたい(1)。それは、戦後教育学における「教育統制行為の否定」という問題設定への批判を引き継ぎ、その批判を徹底させるためにも、必要な課題であると思われる。

2 福祉国家の再編と学校選択

1 第三の道のジレンマ

学校選択については、それに賛成するにしろ反対するにしろ、公教育への市場原理の導入としてとらえる「市場メタファー」が支配し、「自由放任（レッセフェール）的市場という新自由主義（ネオリベラル）の理念が、学校選択論争の枠組みを規定してきた」と言われている（Smith, 2004 : 219）。だが、このような「市場メタファー」からは、なぜ学校選択が、ヴァウチャーやチャータースクールといった様々なヴァリエーションをとるのかを十分に説明することができず、その意味で論争の射程を「制約」してしまうという問題がある（Smith, 2004 : 219）。そこで、学校選択を「市場メタファー」に還元することなく、より広い福祉国家再編の思想文脈に位置づけ、そこに教育の公共性の再編と再構築の一端を読みとろうとする試みが提起されるようになっている(2)。

たとえば、民間の市民セクターがチャーターを受けて公費で公立学校を運営するチャータースクールは、フィンらによれば、市場でも国家（政府）でもない、両者の対立を超える「第三の道」を模索する制度構想の一つである（Finn, C. E. Jr., Manno, B. V., Vanourek, G., 2000 = 二〇〇一）。「第三の道」とは、社会民主主義の再構築を試みるギデンズらによって提起された概念で、「旧式の社会民主主義と新自由主義という二つの道を超克する道、という意味での第三の道」として定式化されている（Giddens, 1998 = 一九九九）。

だが、果たして「第三の道」は、それ自体として、ただちに福祉国家に代わる教育の公共性を導くものであるといえるのだろうか。政治思想家のシャンタル・ムフは、「第三の道」論に対して、そこには異質で多様なものが競合する「対抗者間の『闘技』」を含んだ「政治的なるもの」への洞察が不在であると批判する。ムフによれば、異質で多様なものの対立、競合は市場の次元や社会の次元に所与として存在するものではなく、むしろそれが公共空間に現れる機制（メカニズム）としての「政治的なるもの」の復権を伴うものである。共同体や市場に定位する「第三の道」論はそうした「政治的なるもの」への洞察を欠落させているというのである（Mouffe, 2001）。この「政治的なるもの」の不在という批判は、福祉国家再編下における教育の公共性を考えようとする際にもきわめて重要な指摘である。

そこで以下では、「政治的なるもの」への洞察からポスト福祉国家段階に固有の政治を模索しようとしている学校選択論の系譜を、ボウルズとギンタス、ナンシー・フレイザーらの議論を参照しつつたどっていくことにしたい。

2　ボウルズとギンタスの学校選択論をめぐって

ジョン・ロールズらのリベラリズムを批判し教育の政治経済学を打ち立てたボウルズとギンタスは、一九八〇年代に主著『民主主義と資本主義』で「政治的なるもの」への洞察を深め、さらに一九九〇年代後半以降は、学校選択論を展開している。ギンタスが「学校選択の政治経済学」で提起する「規制された競争」という概念は市場対政府という二分法を批判して展開されたものであり（小玉、一九九九）、その限りでは前述の「第三の道」論と重なる面を含んでいる。

しかし、ボウルズとギンタスの学校選択論は必ずしも「第三の道」論とまったく同じものではない。それは、「政治的なるもの」への洞察をうちに含み、リベラリズム批判を特徴とするものであった。したがって彼らの思想をリベラリズム批判という思想史的な文脈のなかに位置づけ、その文脈において解釈し、かつ批判するという作業が重要になってくる。それによって、「第三の道」論に還元しきれない、彼らの学校選択論にはらまれている別の側面が浮かび上がってくるからである。そうした作業の例(3)として、ここではハリー・ブリッグハウスのボウルズ＝ギンタス批判を取り上げたい。

ボウルズとギンタスの学校選択論では、保護者から学校が受け取るヴァウチャーの額に応じて、学校予算が分配される。彼らの学校選択論が、競争的な価値と平等の価値、多文化主義と公共性の両立をはかろうとするものであることは別のところで詳しく検討したが（小玉、一九九九：一四八—一四九）、具体的には、「ヴァウチャーによる財政の水準が教育の質を維持するコストをカバーするのに十分あって、ヴァウチャーを受け取る認可を受けた学校は両親に対して授業料の追加徴収をすることを禁じられるという条件のもとで、はじめて、平等主義と多元主義の両立が可能となる」という（Bowles, S., Gintis, H., 1996 : 323-324）。

ブリッグハウスは、このボウルズとギンタスの「平等主義と多元主義の両立」というモチーフを受け止めつつ、「中心的な問題は、ある制度が教育機会の平等を保証していると主張するとき、その主張を評価するための機会に関する公的基準が存在しないという点である」という。

たとえば、「障害を有する生徒の教育に障害をもたない生徒の教育よりも多くの資源をあてるという現在の政策に対しては、公的な支持があるだろう」が、「障害をもたない生徒のなかで、できる生徒とできない生徒をはっきり区別することは困難」であり、「(障害をはもたないが)できない生徒の教育に特別に多くの資源をあてるという政策レジームには、公的な支持はまず見込めない」という現状と問題の例が挙げられている(Brighous, 1996 : 472-474)。つまりここで指摘されているのは、集団のアイデンティティを公的に承認する基準が、必ずしも自明なものではないという問題である。どのような集団を公的な政策によって処遇するかが、平等主義と多元主義の両立のための重要な鍵となるだろう、というわけである。

このような集団のアイデンティティの承認に関する問題を、「ポスト社会主義の時代における正義のジレンマ」として展開したのが、次に述べるナンシー・フレイザーの「再分配から承認まで」である。

3 チャータースクール論――再分配から承認へ

フレイザーは、公的なセクターが経済的な「再分配」だけでなく、ジェンダーやセクシュアリティ、民族的マイノリティなど文化的な諸アイデンティティの「承認」の問題にも、強く関与せざるを得なくなっていること、しかもその「再分配」と「承認」とは(たとえばジェンダー問題において「再分配の論理がジェンダーそのものを廃止しようとするのに対し、承認の論理は、ジェンダーの特異性の価値を設定しようとする」というように)互いに相容れない側面を含むジレンマに直面している点に注目し、以下のようなマトリクスを作成した(Fraser, 1995 : 87 = 二〇〇一)。

	（現状）肯定	（構造）改革
再分配	リベラル福祉国家	社会主義
承認	主流の多文化主義	脱構築

フレイザーが提起するのは、「社会主義」と「脱構築」の組み合わせにより前記のジレンマを回避しようという方向性である。このフレイザーの枠組みはポスト福祉国家段階の新たな正義論、平等論を提起するものとして注目されると共に批判され(4)、特にジュディス・バトラーは、承認問題それ自体のなかにすでに再分配を含む経済問題が含まれているという視点を強調し、フレイザーの二元論的な枠組みに批判を加えている(Butler, 1998＝一九九九)。ただ、バトラーも、公的なセクターがアイデンティティの承認をめぐって政治的に中立的ではあり得ないというフレイザーの前提を否定しているわけではなく、福祉国家パラダイムがその視野の外においてきた政治的なるものへの注目という点では、両者は問題を共有している。

キャスリーン・アボヴィッツは、フレイザーの枠組みを援用しつつ、チャータースクールを福祉国家の再編という新しい政治の情況に位置づけ以下のように述べる。

進歩主義運動が期待するようなインパクトをチャータースクールがもち得るためには、フレイザーの経済的再分配と文化的承認をめぐる構造改革的戦略に依拠した基準を用いて、チャータースクール法がデザインされなければならない。……私のここでの主張は、単にチャータースクールが被抑圧集団のための社会的正義の可能性をはらんでいるということだけにあるのではない。チャータースクールのすべての生徒の成功を手助けするための適切な分配と承認の原理を実施できる強いチャータースクール法を求めているのである（Abowitz, 2001 : 164-166）。

ここでのアボヴィッツの指摘からは、平等主義と多元主義の両立にはらまれているジレンマを回避するためには、強い政治、「強い法」による規制緩和がもとめられるという、それ自体きわめてパラドキシカルな課題が導出される。規制緩和によってもたらされるこのパラドクスは、ポスト福祉国家段階の政治の特徴を示すものであるということができる。そして、この規制緩和下における強い政治、「強い法」の創出という課題に対応するのが、次節で述べる構成的政治にほかならない。

3　政治概念の転換

1　構成的政治の出現

規制緩和下における構成的政治の問題を考えるためにまず、学校選択の登場によって国家のとらえ方が変化していることについて指摘しておきたい。

ヴァウチャーやチャータースクールのコンセプトに共通していることは、公教育における財政の担い手と供給の担い手を区別し、後者を多様化していこうというモチーフである。そこでは、NPOなどの中間団体（高橋、二〇〇一）やチャータースクールなど、供給サイドの多様化が追求されている。このような事態をとらえるためには、国家把握においても、財政の担い手としての狭義の国家とは相対的に異なる水準において、いわば、供給の担い手としての広義の国家を措定することが求められている。

ここでいう広義の国家とは、国家を狭義の国家権力（司法、立法機構や行政機構）に還元せず、市民社会レベルにおけるさまざまな諸関係の複合的総体としてとらえようとするものである。それは、アルチュセールやフーコーらによって提起され、発展してきたとらえ方でもある（小玉、一九九〇）。ステイシー・スミスは、「フーコー的視点から見た学校選択」という論文で、フーコーの「統治性（governmentality）」概念に依拠することによって、学校選択やチャータースクールを市場モデルとは異なる視角から把握できるとして、次のように述べる。

> 統治性に関するフーコーの議論は、左派に以下のような課題を提起する。すなわち、学校選択の運動が教育の公的領域と私的領域を構成し架橋するための新しいモデルをいかにして開発しうるかを探求するという課題である。私事化された市場を頑固に批判する人たちは、市場が公正さや平等を侵害するのではないかと心配する。そのような議論がなされるのは、私的領域を政府の規制のおよばない領域としてとらえていることに起因しているのかもしれない。しかしそうした市場に対する批判的議論は、統治が、公私の厳格な二分法ではとらえきれない多様な水準において弁証法的、双方向的な仕方で展開されるということをとらえ損ねている。……結局のところ、統治性に関するフーコーのアプローチが示唆するのは、反対の立場に居直る反学校選択左派の姿勢が、学校の組織化と統治の局地的実践への着眼を妨げているという点である。そうした学校の組織化と統治の局地的実践こそが、

不平等の社会的再生産を顕わにするだけでなく対抗的行為や抵抗の解放的戦略のもとにもなりうるのである。たとえば、各州のチャータースクール法の特徴や、州や学区のレベルでのチャーターの実施過程、具体的場面におけるチャータースクールの実践に注目することによって、権力がその個別性においていかに作動しているかを明らかにすることが、左派にとっても可能になるのである（Smith, 2004 : 237-239）(5)。

このような広義の国家という視点に立った際に、重要な役割を果たすのが、たとえばチャータースクールの場合には、前述のアボヴィッツやスミスの指摘にもあるように、法制定権力としての議会や評議会であり、さらにはそれに影響を行使するさまざまな市民セクターによる諸活動である。これらの諸活動における政治は、法が制定・構成（constitute）されることに関わるという意味で、ポスト福祉国家段階の公教育における政治の重要な特徴を表している。そこでは、地方議会、学校評議会、一般行政、市民活動の諸セクターなど、従来教育行政の外に位置するものとされてきた諸セクターが、ある種の政治主導がそこに介在する余地を含めて、位置づけられる。それだけではなく、ほかならぬ教師自身が「局地的実践」（Smith, 2004）の場としての学校における「政治的権威の担い手としての教師」（関、二〇〇一）とみなされ、さらに、「〈法〉と〈法外なもの〉」（仲正、二〇〇一）の境界に位置する存在としての教師とみなされることとなる。このような、法が制定・構成（constitute）される際の構成的権力（constitutional power）に関わる政治が、構成的政治である。

この構成的政治の浮上によって、福祉国家段階において封印されてきた異質で多様なアイデンティティが公的な場に浮上する可能性が拡大する。たとえばハートとネグリは、有名になった共著書『〈帝国〉』で、その可能性を、国民国家の主権に絡め取られない「マルチチュード」によって発動される構成的権力に見出した。主権に制約されないマルチチュードによる構成的政治こそが、グローバル化した世界における自由の新たなる空間を拡大するというのである。

ラディカルで進歩的な変革の過程への絶えまのない開放を可能にするのは、この構成的権力なのである。近代における諸々の政体史において、一貫して基本的ではあるが抽象的なものに留まっている脆い要求――すなわち平等と連帯――を、実現可能なものへと仕立てあげるのがこの構成的権力なのである。合衆国の政体が、それ以外の政体を超え、かつそれらに抗して、〈帝国〉的な政体となることを可能にしている要素、つまり果てしない自由のフロンティアという観念や構成的権力のうちに表現される開かれた空間性と時間性の規定を、ポストモダンなマルチチュードが奪い取るとしても驚くことはない（Hardt, Negri, 2000＝二〇〇三：五〇三―五〇四）。

マルチチュードとは、異質で多様なものの存在様式を表す概念である。この異質で多様なものの公的な承認は、それ自体がリベラリズムが前提とするような所与ではなく、むしろ多様な統治主体をそれとして公共圏に構築していく政治的機制（メカニズム）を伴わざるを得ない（小玉、二〇〇一）。それは、リベラリズムよりも根源的なものとしての「政治的なるもの」の存在を示唆するものである。そしてそこでの政治概念は、見てきたように、狭義の国家における統制や分配の政治から、広義の国家における規制緩和下での構成的政治への転換をうちに含んでいる。このような政治概念の転換によってこそ、学校選択やチャーター・スクールを新しい視点からとらえ直すことが可能になるのである。

2　構成的政治の両義性

規制緩和が構成的政治を浮上させるというパラドキシカルな事態は、近年の日本でも、地方議会、一般行政、市民セクターなど、教育行政や学校の外に位置づくとされてきたものの声の増大という形で、顕在化しつつあるように見える。たとえば、荻原克男は「地方への財源移譲と権限の委譲が進めば、いずれ否応なく地方も政治主導の改革が本格化していくはずです」と述べている（荻原、二〇〇六：六）。問題は、このような構成的政治の浮上という事態をどのようにとらえるかという点である。

たしかに、前述のハートとネグリがいうように、構成的政治の浮上によって、異質で多様なアイデンティティが公的な場に浮上する可能性が拡大するという側面がある。ハートとネグリの場合には、その可能性は、前述のように国民国家の主権に絡め取られない「マルチチュード」によって発動される構成的権力に見出されていた。

だが、これに対して、ネグリと同じ現代イタリアの思想家であるジョルジョ・アガンベンは、ネグリの著作（Negri, 1997＝一九九九）を次のように批判している。

アントニオ・ネグリは最近の著作で、構成する権力がいかなる形式の秩序にも還元されえないということを示そうとし、また、構成する秩序が主権原則に引き戻されるものではないと言おうとした。……構成する権力と主権権力の区別という問題はたしかに本質的である。だが、構成する権力が、構成される秩序から発するのでもなく構成される秩序を制度化するのに限定されるのでもないということにせよ、構成する権力が自由な実践であるということにせよ、主権権力が構成する権力とは異なるものだということを何ら意味するものではない。もし、主権のもつ締め出しと遺棄という独特の構造に関する我々の分析が正確なら、上述の属性はじつのところ主権権力にも属するのであって、ネグリも、構成する権力の歴史的現象学に関して豊かな分析を行ってはいるものの、そこでは、構成する権力を主権権力から分離することを可能にするいかなる判断基準を、どこに見出すこともできていない（Agamben, 1998 : 43 = 二〇〇三：六六―六八）。

このアガンベンの批判は、構成的権力がいかに自由な実践を開くものであったとしても、それは絶えず、自己とは異質なものを締め出し、遺棄する主権権力へと転化する可能性を含むものであることを指摘している(6)。このことは、規制緩和によって浮上する構成的政治のもう一つの側面として、自己とは異質なものの締め出しや排除、あるいはそれによる敵対的政治の顕在化という問題を示唆するものである。

4　むすびにかえて——政治教育の復権

以上でみてきたように、規制緩和による公教育の担い手の多様化は、ポスト福祉国家段階に固有の政治として、構成的政治を浮上させている。そこには、すでにみたように、異質で多様なアイデンティティが公的な場に浮上する可能性が拡大する側面がある一方で、自己とは異質なものの締め出しや排除、それによる敵対的政治が顕在化する側面もまた存在している。ここに、ポスト福祉国家段階における構成的政治の両義的な性格を見出すことができる。

そのような情況において求められるのは、福祉国家的官僚統制に戻ることではなく、構成的政治の浮上を引き受けつつも、それが排除や敵対的政治へと転化しないための条件を探ることである。その重要な一翼を担うと思われるのは、前述した「〈法〉と〈法外なもの〉」の境界に位置する「政治的権威の担い手」としての教師なのではないだろうか。この点と関わって、前述の荻原が「教育者がいかにして良い意味で政治的になれるか、ということは今後の重要な課題の一つ」であると述べ（荻原、二〇〇六：六）、また、広田照幸が「学校は政治教育をタブー視するな」（広田、二〇〇五）と主張していることは示唆的である。これらの指摘はいずれも、構成的政治の浮上という情況のもとでの教師や教育者の政治的役割の重要性を強調するものとして、読むことができる。境界的存在である教師には、異質で多様なものを媒介する政治的役割が期待されているのである。

教師が自らの境界性を自覚しながら、政治的コーディネーター（小玉、二〇〇三）の役割を果たしていくことによって、構成的政治を異質で多様なアイデンティティが公的な場に浮上する可能性へと開いていくことが可能になる。そのような意味における政治教育を復権させることこそが、戦後教育学における「教育統制行為の否定」という問題設定への批判を引き継ぎ、それを今日的な意味において徹底させることにつながるだろう。

注

1 本稿は、日本教育行政学会第三六回大会課題研究Ⅰ「教育の国家責任の在り方――学校選択制の分析を通して」(二〇〇一年一一月四日、日本女子大学)で筆者が行った報告(小玉、二〇〇二b)をもとに、その後の研究をふまえて改稿し、大幅な加筆修正を行ったものである。当日シンポジストとして同席した黒崎勲(黒崎、二〇〇二)、荻原克男(荻原、二〇〇二)の両氏と、司会をして下さった小島弘道、篠原清昭の両氏、および、討論のまとめ(小野田、二〇〇二)を執筆して下さった小野田正利氏に、感謝の意を表したい。

2 日本でも、学校選択を新自由主義的な改革の一環として市場メタファーに依拠してとらえる傾向があるが、黒崎(二〇〇〇)、荻原(二〇〇一)らの研究は、そうした傾向と一線を画するものとして位置づけることができる。

3 別の例として、前掲の小玉(一九九九)も参照されたい。

4 たとえば、田原(一九九八)、竹村(二〇〇一)など。

5 同書は、ボウルズとギンタスの学校選択論を継承して、進歩派の立場からの学校選択論を発展させようという立場から編集されたものであり、ギンタスが序文を書いている。編者であるロフェスの論稿を含め、同書についてはあらためて検討の場を持ちたいと考えている。

6　ハート、ネグリとアガンベンの論争的関係とその思想史的位置づけについては、小玉（二〇〇六）を参照。

文献一覧

広田照幸、二〇〇四『教育』岩波書店
広田照幸、二〇〇五「学校は政治教育をタブー視するな」『エコノミスト』十一月二二日号、毎日新聞社、五〇―五三
小玉重夫、一九九〇「現代教育の社会的存立機制把握における国家論的前提――探究のための方法論的序説として――」『東京大学教育学部教育哲学・教育史研究室紀要』第一六号、一〇三―一一五
小玉重夫、一九九八「戦後教育学における子ども・青年把握を問い直す――保護と進歩のユートピアを超えて――」日本生活指導学会『生活指導研究一五』三―一九
小玉重夫、一九九九『教育改革と公共性――ボウルズ＝ギンタスからハンナ・アレントへ』東京大学出版会
小玉重夫、二〇〇一「書評・井上達夫著『現代の貧困』」『生活指導』第五七〇号、一〇、六二―六三
小玉重夫、二〇〇二a「公教育の構造変容――自由化のパラドクスと『政治』の復権――」日本教育社会学会『教育社会学研究』第七〇集、二一―三八
小玉重夫、二〇〇二b「教育の公共性に関連づけて」日本教育行政学会『日本教育行政学会年報』第二八号、二〇二―二〇七
小玉重夫、二〇〇三『シティズンシップの教育思想』白澤社
小玉重夫、二〇〇六「マルチチュードとホモ・サケルの間――グローバリゼーションにおける包含と排除――」教育思想史学会『近代教育フォーラム』第一五号

黒崎勲、一九八九『教育と不平等——現代アメリカ教育制度研究』新曜社
黒崎勲、二〇〇〇『教育の政治経済学——市場原理と教育改革』東京都立大学出版会
黒崎勲、二〇〇二「制度原理と機能の視点から」日本教育行政学会『日本教育行政学会年報』第二八号、二一五—二二〇
黒崎勲、二〇〇五「教育行政制度原理の転換と教育行政学の課題」日本教育行政学会『日本教育行政学会年報』第三一号、五—一九
仲正昌樹、二〇〇一『〈法〉と〈法外なもの〉——ベンヤミン、アーレント、デリダをつなぐポスト・モダンの正義論へ』御茶の水書房
荻原克男、二〇〇一「一九九〇年代教育政策『変容』への一視角——行政コミュニケーション形式に焦点を当てて」一橋大学〈教育と社会〉研究会『〈教育と社会〉研究』第一一号、二〇—二八
荻原克男、二〇〇二「公立義務教育学校の選択自由化問題の政策的文脈」日本教育行政学会『日本教育行政学会年報』第二八号、二〇八—二一四
荻原克男、二〇〇六「市民・地域が支える教育へ向けて——可能性としての地方分権・学校裁量権の拡大」『BERD』第三号、ベネッセコーポレーション、二—九
小野田正利、二〇〇二「教育の国家責任のあり方——学校選択制の分析を通して：テーマ設定の趣旨と討議の総括」日本教育行政学会『日本教育行政学会年報』第二八号、二二一—二二八
佐々木毅、一九八六『保守化と政治的意味空間』岩波書店
関曠野、二〇〇一「教師とは何か」慶應義塾大学教職課程センター『年報』第一一号、七三—八三
田原宏人、一九九八「分配の正義論ノート」Tahara's Web Office, http：//t-office.raputax.com/working/tahara02/index.html.

高橋寛人、二〇〇一「学校はどう変わるか、教育をどう変えるか――学校のスリム化と教育の公共性――」慶應義塾大学教職課程センター『年報』第一一号、五三―七二
竹村和子、二〇〇一「『資本主義社会はもはや異性愛主義を必要としていない』のか」上野千鶴子編『構築主義とは何か』勁草書房
Abowitz, K. K., 2001, "Charter Schooling and Social Justice", *Educational Theory*, Vol.51, No.2 : 151-170
Agamben, G., 1998, *Homo Sacer*, Stanford University Press（＝二〇〇三、高桑和巳訳『ホモ・サケル』以文社）
Bowles, S., Gintis, H., 1996, "Efficient Redistribution : New Rules for Markets, States, and Communities", *Politics & Society*, Vol.24, No.4 : 307-342
Brighous, H., 1996, "Egalitarian Liberals and School Choice", *Politics & Society*, Vol.24, No.4 : 457-486
Butler, J., 1998, "Merely Cultural", *New Left Review*, No.227 : 33-44（＝一九九九、大脇美智子訳「単に文化的な」『批評空間Ⅱ―23』太田出版、二二七―二四〇）
Finn, C. E. Jr., Manno, B. V., Vanourek, G., 2000, *Charter Schools in Action*, Princeton（＝二〇〇一、高野良一監訳『チャータースクールの胎動――新しい公教育をめざして』青木書店）
Fraser, N., 1995, "From Redistribution to Recognition? : Dilemmas of Justice in a 'Post–Socialist' Age", *New Left Review*, No.212 : 68-93（＝二〇〇一、原田真美訳「再分配から承認まで?」『アソシエ　五号』お茶の水書房、一〇三―一三五）
Giddens, A., 1998, *The Third Way-The Renewal of Social Democracy*, Polity（＝一九九九、佐和隆光訳『第三の道』日本経済新聞社）

Hardt, M., Negri, A., 2000, *Empire*, Harvard University Press, Cambridge MA（＝二〇〇三、水島一憲・酒井隆史・浜邦彦・吉田俊実訳『〈帝国〉』以文社）

Mouffe, C., 2001（石田雅樹訳）「グローバル化と民主主義的シティズンシップ」『思想』二〇〇一年五月号、岩波書店、二四―三四

Negri, A., 1997, *Le pouvoir constituant*, PUF（＝一九九九、杉村昌昭・斉藤悦則訳『構成的権力』松籟社）

Smith, S., 2004, "School Choice through a Foucauldian Lens : Disrupting the Left's Oppositional Stance", in Rofes, E. and Stulberg, L. M. (eds), *The Emancipatory Promise of Charter Schools : Toward a Progressive Politics of School Choice*, State University of New York Press : 219-243

II

教育における平等の条件

4 ドイツにおける「機会均等」の教育制度論

前原健二

1　問題としての「機会均等」と「教育の不平等」

いま改めて「教育の機会均等」が問われている。

様々なデータに基づいて現代日本社会における「教育の不平等」の実態が指摘され、階層的な格差の拡大や固定化の傾向、世代間の流動性の縮小が危惧されている。他方では、戦後日本の憲法・教育基本法体制下の「機会均等」の思想を画一的な悪平等主義とみなす声もある。義務教育費国庫負担制度の改編は一定の学習条件の普遍的な保障という基本的要請を脅かしかねない。こうした現代日本社会の現実的動向に対して、教育の機会均等原則をめぐる教育学の理論的営為はほとんど何の批判的観点をも提供できてはいないかのようである。

アメリカにおける「機会均等論争」に即して、つとにこうした問題関心を追究したのは黒崎勲であった(1)。黒崎によって提起された、戦後日本の理論状況に照らした際の「機会均等論争」研究の意義はおおよそ次のようなものであった。つまり、「教育と平等」ないし「機会均等原則」にかかわる理論的研究の日本における到達水準を示すと見られてきた堀尾輝久の定式、「教育における正義の原則」(2)には大きな難点がある。近代的な「教育の機会均等」原則の形式主義的な限界を指摘する堀尾の批判は妥当だとしても、堀尾の示す「正義の原則」においては「教育の機会均等原則自体は同一のものでありつづけながら、それを『文脈づける』社会的条件の変化によって、結果として、この原則が自ずと今日のそれとは別の、異質の機能をはたすことになるということなのか、あるいは、それ以上に、新しい社会構成原理の展望の中では、教育の機会均等原則の概念規定ないし定義それ自体を再構成することになるということなのか、という点が不明確であった」(3)というのである。

こうして教育の機会均等原則の新しい内容としての「発達の必要に応ずる教育の理念」を教育制度論として展開しようとした黒崎の意図は、しかし、必ずしも貫徹されてはいないように思われる。アメリカにおける補償教育政策の破綻を跡づけた黒崎は、自然的不平等と社会的不平等の取り扱いについての原理的枠組(4)をロールズの正義論に依拠しながら示すことによって教育の機会均等をめぐる直接的な検討を終え、補償教育以後のアメリカの教育行政論の最大の争点としての「教育の正当性（正統性）」問題へと考察の焦点を移しているが、ここでは教育機会の均等という論点は、教育の質や効果といった観点を媒介として、いわば教育の正統性問題へと吸収されているように見えるのである(5)。こうした展開は、かつて宗像誠也が憲法第二六条における教育を受ける権利の内容を論じた際の「その教育の内容がどんなものであっても、機会均等に受けられさえすればいい、という結論は絶対に出て来ない」(6)という立論を改めて想起させるものではあるが、しかし教育の正統性の確保はそれ自体として教育の機会均等原則の制度論的検討に代位するものではない(7)。

教育の機会均等原則に照らして現代日本の学校制度はどのように評価されるのか、あるいは教育の機会均等原則に見合った学校制度とはどのようなものであるのか。これらは、いずれにせよ、具体的に検討されるべき問題として大きく残されていると言えるだろう。とはいえ、はたして機会均等の原則に見合った学校制度を検討する際にどのような論点が立てられるべきだというのか。

改めて言うまでもなく、教育の機会均等の概念は「教育の不平等」問題の雌型である。黒崎がコールマンによる教育の機会均等概念の類型化を取り上げながら示唆しているように、ある教育現実が「不平等」だと認識されるのはそれを不平等と見なすような機会均等の概念が対偶的に存在するからである。機会均等という装置は社会の文脈によってその機能を変化させるのではなく、社会はそれぞれの必要に応じて異なる「機会均等」の装置を生み出し、正統化すると言うべきであろう(8)。つまり、機会均等の言説は常になにが正統化され得ない不平等であり、また正統化の必要のない自然な帰結であるか、という規範を前提としている。したがって、本稿の問いは次のように言い換えられる。現代の学校制度はどのような不平等を、どのような機会均等の定義に即して問題にするべきであるか。このように問うことによって、黒崎が検討の矛先を転じた地点に立ち戻ってみたいというのが本稿の狙いである。

本稿は、黒崎において未完となっているように思われる教育の不平等問題の教育制度論的検討を、アメリカではなく現代ドイツの教育現実を素材として試みるものである。この素材の限定の意味を、あらかじめ二点指摘しておきたい。

第一に、日本でも大きな関心を呼んだOECDによる国際学力比較調査（PISA）はドイツにおいても大きな議論を巻き起こしたが、そこでの論点は一方でドイツの生徒たちの低成績であり、他方でドイツの学校の「社会的選別性」の強さであった。日本においてドイツのPISA二〇〇〇への反応を紹介・分析した論考は、今日までのところ主にその「低成績」の事実とそれへの政策的対応を対象としているように思われるが、後に詳しく見るように、低成績と社会的選別性の強さの関係構造もまた大きな論点となっている。こうした意味では、今日もっとも「機会不平等（Chancenungleichheit）」が問われている国の一つがドイツであると言うことができる。

第二に、先進諸国の中ではほとんど例外的に分岐型（中等教育からの複線型）の学校制度を保持してきたドイツにおける学校制度論議はそれ自体として興味深く、日本において根強く存在する複線型への志向性に照らした場合に重要であるが、こうした一般的関心に加えて、さらに次のように言うことができる。分岐型学校制度の下では教育の不平等問題は何よりもまず「学校制度」の問題として位置づけられるが、このことは、補償教育政策の破綻、つまり教育条件の形式的平等性が教育の実質的不平等を帰結しているという「制度内現実」に着目するところから始まる黒崎のそれとは異なる議論の存在を示唆するものであり、こうした点からもドイツの学校制度論議は注目に値する。

2 教育の不平等研究の構図

1 教育機会の定義

学校制度と教育の不平等をめぐるもっとも広く流布した言説は、いわゆる「近代化」仮説である。これは一国の学校制度の拡大充実にともなって教育機会の不平等は徐々に縮小していく、あるいはすでに事実として縮小しているとするものである。教育機会への物理的な接近そのものが制約されていた時代から、量的に十分な学校施設が整備される時代へ。授業料の無償制や奨学制度の拡大、公費教育の整備によって経済的な制約が相当程度まで排除される時代へ。社会的経済的な必要性からより多くの人々に、より長期の教育が要求される時代へ。そして社会心理的にも学校を離れ実社会へ移行する時期をなるべく遅くすることが容認され、また積極的に求められる時代へ。近代化仮説によれば、こうした変化はそれまで教育の機会に恵まれていなかった層に対してより強く裨益するから、機会の拡大は機会の不平等の縮小につながるということになる(9)。

しかし、アメリカ、イギリス、フランス、オランダ、スウェーデン、ドイツ、日本など十三カ国を比較したシャビとブロスフェルトらの比較研究によれば、この近代化仮説は実証的には支持されない(10)。つまり教育機会の拡大が教育機会の不平等の縮小をもたらしていると言うことはできず、むしろ教育機会の爆発的な拡大にもかかわらず、教育機会の不平等が縮小していないという事実こそが注目され、説明されなければならない。

彼らの研究によれば、確かに教育機会の拡大と平等化が同時に進んだように見える国もあるが（スウェーデン、オランダ）、しかしこれは教育機会拡大の効果ではなく、むしろ社会経済的な面での全体的な平等化が進行したこととの結果とみなされる。日本、アメリカ、ドイツを含むその他の十一カ国では教育機会の拡大はあったが、教育機会の平等化が進んだとは言えない。この中には、機会の不平等の構造がほとんど不変である国と、機会の不平等の構造がある意味で変化した国がある。ここでの変化とは、教育制度のある部分では不平等が緩和され、別の部分では強化され、また別の部分では変化がないなど、全体としては不平等の構造が保持されているということである。

また、この教育機会の不平等を生み出す各個人の社会的出自の効果は学校制度の下級の段階でより強く、上級へ進むにつれてより弱くなる。つまり高等教育への進学に際しての社会的出自の影響は、それ以前の進学に際しての社会的出自の影響よりも小さい。より具体的に言えば、進学に必要な知的能力が等しいと仮定すれば、実際の進学の決定に対する社会的出自の持つ影響力は、学費負担能力を含めて考えても、学校制度の上級段階へ進むほど小さくなるということである。

シャビとブロスフェルトらの示した論点は多岐にわたるが、先進諸国の教育機会の不平等に関する基本的な結論はこの二つ、つまり(1)教育機会の拡大は機会不平等の縮小をもたらしていない、そして(2)社会的出自の影響は学校制度の下級段階でより強く、上級段階でより弱い、ということである。こうした結論は、それが意外なものと受け止められるにせよ、当然なものと受け止められるにせよ、ある種の曖昧さを感じさせるものであることをシャビとブロスフェルトは指摘し、それは要するに「教育の機会」という概念が一般に曖昧に理解されていることに起因するとしている。近代化論者が就学率の上昇によって教育機会の不平等が傾向的に減少していくと論じているのは、要するに教育の機会の概念を曖昧に理解した上で不平等を計測していることによるというのである。

シャビとブロスフェルトらの共同研究における「教育の機会」の概念は、一定の教育段階を修了した者が次の教育段階へ進学する、ないしはそれを修了する比率として定義されている。したがって教育機会の不平等は、この比率に対する社会的出自の影響力の強さによって把握されることになる。この定義は、たとえば平均在学年数に対する社会的出自の影響とか、特定の学歴保持者の社会階層別の構成比（ないし人口構成比に対するオッズ）などによる定義を排除するものである。それらは学校制度自体の拡大の影響力を排除できないが故に、不適切であるとされる。前述の二つの結論は、こうした認識の上に、学校制度自体の拡大の影響を排除して統計的に導き出されたものである。

2　教育の機会と学校制度の構造

教育の機会のこうした定義は、メアーに由来する(11)。そのメアーの議論を参照しつつ、教育機会の不平等に関する二つの論点の論理構造を整理すれば次のようになる。

第一に、なぜ教育機会の拡大が機会の不平等の縮小につながらないのか。教育機会が制限されている時点においては、より上級の段階へ進む生徒たちはその都度厳しい選別を経てくるが、その過程で測定可能な社会的出自要因以外の非測定要因（具体的には能力、意欲、価値観など）の部分における同質性が高まっていくと推定される。したがって、より上級の段階への進学場面においては、測定可能な社会的出自要因の影響力は非測定要因の同質性の高さに隠れてしまう。ある段階の教育機会の拡大が進むと、その段階の学校の生徒集団内部では非測定要因の異質性が拡大することになる。この結果、より上級の段階への進学場面においては測定可能な社会的出自要因の影響力が高まって見えることになる。

第二に、なぜ社会的出自の影響力は学校制度の下級の段階でより強く、上級の段階でより弱くなるのか。もちろん教育達成の結果だけを見るならば、家庭的背景が能力形成に影響することは自明と言ってよい。したがってここでの問題は、そうした要因を排除した上でなおかつ残る社会的出自要因の影響力の強弱である。これを説明する仮説はいくつかあるが、メアーがもっとも適切とみなしているのは「ライフコース」仮説である(12)。これはより下級の学校段階ほど親の選好が本人の意向よりも重みを持ち、経済的負担においても親の意思が決定的に重要であるという点を重視するものであり、子どもと親の人生の経過（ライフコース）の中での人間関係の変化に注目するという意味で「ライフコース」仮説と呼ばれる。

教育機会が拡大することによって、すべての階層においてより上級の学校段階へ進学する比率は高まる。にもかかわらず教育機会に対する社会的出自要因の影響力は縮小しているとは言えず、その影響は上級の段階においてよりも下級の段階において強い。こうした知見は学校制度論議に対してどのような問題を提起することになるであろうか。

ミュラーらは、ヨーロッパ諸国の学校制度における社会的不平等に関する先行研究を概観して、次のように述べる(13)。教育機会の社会的不平等の比較分析に際しては前述したメアーの枠組みが有効である。それにしたがえば教育のプロセスは進学・修学の意思決定の連鎖とみなされ、ヨーロッパ各国の学校制度は教育の段階ないしブロックの積み重ねとして把握できる。子どもたちの教育のキャリアは、このブロックのそれぞれにおいて、その社会的出自に応じて様々に「カーブ」する。そのカーブの形態は、基本的にメアーが指摘したような形で類似しているが、各国ごとに固有の偏差を持っている。そうした偏差は、第一に、各国の固有の階級構成や社会的編成の違いに由来する。しかしそれだけではない。「階層規定的な進学モデルにおける各国のそうした偏差はさほど大きなものではなく、もうひとつ別の要素が社会的に規定された教育機会の不平等の程度の大きさの各国間の差異に影響している」(14)。

この教育機会の不平等の大きな差異を生み出すもうひとつの要素こそが、教育制度の編成にほかならない。つまり各国の教育制度はそれぞれに異なる学校教育のブロックと、それを分岐・接続するジャンクション(Scharnierstellen)(15)によって構成されており、それらの組み合わせが教育機会の不平等の度合いに決定的に影響しているというのである。

メアーのオリジナルの議論はアメリカだけを対象としたものであり、特に比較教育制度論的な議論を含んでいないから、こうした議論はメアーの教育機会の定義に依拠しつつ教育制度論的に拡張したものということができる。つまり、一定の教育段階の修了と次の段階への進学という局面を分節化して教育機会の不平等を問うというメアーのアプローチとその分析結果は、いわば反転させられて、教育機会の不平等を条件付ける学校制度の類型論(学校制度のジャンクション理論)を生み出している。そこではたとえば教育のブロックの区切れのない完全単線型の学校制度は不平等を生み出すジャンクションを持たない制度として、分岐型学校制度は不平等を生み出しやすい強力なジャンクションを持つ制度として、そして義務教育以後に内的分化をはかる学校制度は社会的出自要因の影響力が比較的小さいジャンクションを持つものとして位置づけられることになる。

この学校制度のジャンクション理論は教育機会の不平等を学校の制度論と結びつけて論じる場合に有効な枠組みである。この枠組みを念頭に置きつつ、先に述べておいたような意義を持つ現代ドイツの教育現実の検討に移りたい。

3 分岐複線型学校制度における教育の不平等

1 ドイツにおける「教育の機会」言説

典型的な分岐型学校制度を持つドイツにおける教育機会の不平等問題へ論を進める前に、戦後ドイツにおける「教育の機会均等」の言説史を簡単に整理しておきたい。それは現代ドイツにおける教育機会と学校制度論議の関係する文脈を把握する上で有益だと思われる。

一九六〇年代のドイツにおいては、教育改革の最大のキーワードが「機会均等（Chancengleichheit）」であった。ともに大きな反響を呼んだG・ピヒトの『教育の崩壊』（一九六四年）とR・ダーレンドルフの『市民の権利としての教育』（一九六五年）は、前者が経済発展のための人材の不足に対処するための改革を、後者が権利としての教育の機会の拡大を求めるもので、その基本的思想においてまったく異なるものであった。しかし教育言説としては同一のメッセージを発するものとして受け取られた。つまり西ドイツの学校制度は機会均等を目指して改革されなければならないということである。この時期、「田舎のカトリックの労働者の娘」と揶揄されるような教育機会の属性的不平等への批判として、「機会均等」は「善意の用語」(16)でありえた。しかし一九六六年以降、教育の機会均等が社会民主党の教育政策綱領に取り入れられ、六九年の社民・自民連立政権の誕生と前後する「総合制学校」の実験的発足を契機として、教育の機会均等言説は拡散し始める。

七〇年代前半には、保守陣営のキリスト教民主・社会同盟(CDU・CSU)は機会均等に対する対抗言説として「機会の公正」言説を提起する。彼らによれば、社会民主主義者たちは機会の均等(Gleichheit)の美名の下に無差別主義(Gleichmacherlei)を持ち込もうとしている。つまり「自然の才能」や「多様な気質」を「ひとつの型」に強制的にあてはめようとしているのであり、要するに社会民主主義者の「教育の機会均等」の内実は等しからざるものを等しく処遇しようとする不当なものだというのである。それでは機会均等に取って代わるべき機会の公正(Gerechtigkeit)とは何か。それは「すべての人に平等な自由と個々の特性に応じた発達の可能性を与えるもの」であり、「人間存在をそれ自体として平等化する試みを認めない」ものであるとされたが(17)、ここで表現されている公正の概念は「なぜ社会的諸過程の中で不平等が存在するのかを問題にしていない」として、「機会均等の概念こそは、階層や様々な不平等を、その意味、その正当性においてより強く吟味し問い直すことを求めるものである」(18)とする批判的な議論は当初からCDUの中にも存在した。機会の公正の概念は、十分に理論的に準備されたものであるというよりは、機会均等を相対化するための手軽な対抗言説というべきものだったと見ることができる(19)。

機会の均等あるいは公正をめぐる議論は、その後の西ドイツにおいてもほとんど理論的に深められることはなかったと言ってよいように思われる。機会均等問題は総合制学校に対する賛否へと還元され、総合制学校を批判する側はそれが「等しからざるものを等しく扱う」という意味で不公正な学校であると指弾した。総合制学校は確かに教育の機会均等の保障をライト・モチーフの一つとするものであり、地域のすべての四年制の基礎学校を修了した生徒を能力の別にかかわりなく受け容れるべき学校であったが、現実には多くの場合、既存の分岐型中等学校制度と並存・競合する形で設置され、したがって教育の機会の不平等な配分の構造の中にしっかりと組み込まれざるを得なかった。総合制学校は教育の機会均等を現実化する学校とはなりえず、むしろ逆に、機会の不均等の現実を証明する階層的な偏りをもった中等学校となったと言うことができるだろう。改革の季節が過ぎ去り、教育論議の重点が「外的改革から内的改革へ」と移動していったのに伴い、総合制学校問題も沈静化・膠着化していく。七〇年代には教育言説の「流行語」(20)とも言われた「機会均等」ももはや人々の耳目をとらえる惹句ではなくなっていく。

2 PISA調査——機会不平等の再審

ドイツにおける教育機会の不平等の実態は繰り返し指摘されていたが(21)、国際比較及び国内の州間比較を含む詳細な分析によってその問題性を強く指摘し、学校制度の問題としての不平等問題を改めて白日の下に引き出して見せたのがPISA二〇〇〇の調査報告書であった。

日本のPISA調査報告書にはいわゆる教育の不平等に関する分析は含まれていないが(22)、ドイツPISA委員会の報告書(23)には性別、移民歴などをめぐる教育の不平等の分析にも章がさかれ、特に社会経済的背景と学力達成との関係には相当の紙幅があてられている。日本から見た場合、PISA二〇〇〇以後のドイツについては成績不振への政策的対応に関心が向くことが多い。しかし実際には、成績の低さに対するに勝るとも劣らぬ程度で「教育の階層的不平等」「学校制度の選別性の強さ」にも注目が集まり、むしろこれらこそが低成績を導く構造的要因となっているとする議論が活発化している(24)。かつて頓挫した中等教育制度の単線化を再び教育政策の争点とする州も現れている(25)。

PISA調査によって具体的に明らかにされた教育の社会的不平等は、たとえば、「(PISAに参加した)三二カ国の中には、子どもが学校で獲得する成績と社会的出自との間にドイツ以上に密接な関連のある国はない」(26)といった評価に端的に示される。その具体的な論点は多岐にわたるが、ここでは特に二つの点に絞ってその要点を示す。

第一に、中等学校への進学に際しての階層格差である。分岐型中等教育制度の枠組みの中でギムナジウムへ進学する比率(オッズ比)(27)を父親の職業地位ごとに区分してみると、そこには大きな格差がある。ドイツ全体で見ると熟練労働者層と比較して(28)職員上層のギムナジウム進学オッズ比は約六倍、職員下層は約三・六倍という差がある(29)。州ごとに見ると、職員上層ではバイエルン州の約一〇・五倍からブランデンブルク州の三・二倍、職員下層でバイエルン州の約五・二倍からザクセン州の約二・三倍の差がある(30)。

こうした格差は、それが純粋に教育的達成の度合い(つまり基礎学校の成績)によるものである限りにおいては、必ずしも問題視する必要がないとも言える。しかしギムナジウム進学における階層格差は、認知的能力及び読解能力をコントロールしてみた場合にも消失しない。つまり認知的能力及び読解能力が等しいものとして比較した場合にも、ギムナジウムへの進学には階層的に大きな格差がある。熟練労働者層との比較において、職員上層はドイツ全体で約三・一倍、州ごとにはシュレスヴィヒ・ホルシュタイン州の約六・五倍からブランデンブルク州の約一・七倍、職員下層はドイツ全体で約二・一倍、州ごとにはバイエルン州の約三・九倍からブレーメン州の約一・五倍の割合でギムナジウムへ進学している。

こうしたギムナジウム進学についての階層格差が示しているのは単に子どもの学力達成は階層的に強く影響されるという文化資本論的に説明される状況ではないことが強調されなければならない。認知的能力をコントロールした場合にも格差が目立って消失しないということは、ギムナジウム進学に際してそうした能力以外の要因が強く影響するということに他ならず、それはドイツにおいては基礎学校からの進路勧告と親の意思である。多くの場合は親の意思が最終的決定権を持つから、進学の階層格差の相当部分は親の意思決定によるものと言うことができる。

第二に、ギムナジウム以外の中等学校が「能力発達の制約条件」となっているという事実が問題にされなければならない。階層的偏差を伴いつつ、ギムナジウム、実科学校、総合制学校、基幹学校はそれぞれにある程度能力的に均質な学習集団を構成しており、その平均的水準には序列的格差がある。この学校種間の平均的水準の格差は学年の進行とともに拡大していくと同時に、同じ学校種の個別学校間の成績の差は小さくなっていく。学校種間の格差拡大の要因としてまず挙げられるのは留年及び転籍である。成績不振の生徒は留年を余儀なくされ、あるいは下位の学校種へ転籍していく。これによって各学校種の学力の分散は小さくなり、平均的水準の格差は大きくなる。ドイツにおいては義務教育段階での留年率が先進諸国の中で際立って高く、一五歳時点で三分の一以上の生徒が学齢相当以下の学年に在籍しており(31)、留年を反復する生徒は必然的に下位の学校種へ堆積することになる。

こうした序列的格差の存在は従来からはっきり認識されていたものであり、問題はそこにあるのではない。ここで強調されなければならないのは、同等の能力をもった生徒が異なる中等学校種へ進んだ場合において、修学の過程で異なる発達が実現されるという点である。別な言い方をすれば、学校種ごとの成績分布の「オーバーラップ」した部分が学年の進行とともに少なくなっていくということであり、それは前述のような留年・転籍の結果としてすべて説明することはできず、その一部はもともと同じ程度の能力を持っていた生徒の入学後の「伸び」の構造的格差として説明されなければならないということである。「進学時点での選別は、能力に見合った、また社会階層的な学習集団の均質化をもたらすだけでなく、学校種は、実際に、異なる発達環境」(32)であり、「同じ資質、同じ能力、同じ社会階層に属する生徒たちが、通学する学校種、通学する学校の別に応じて異なる発達のチャンスを持つ」(33)というのがドイツの中等学校制度の現実なのである。

3　学校制度論議への示唆

社会的出自に規定された中等学校進学と、学校種への帰属によって規定された能力発達という二重の意味でドイツの学校制度は社会的に不平等なものとなっている。この結果として、「ドイツのすべての州で、社会的出自と中等教育段階Ⅰの修了時に獲得される読解能力の間にはきわめて大きな相関がある」(34)。読解以外の能力についても同様である。こうしてPISA調査の分析によって示された以上のような教育の社会的不平等の現実は、ドイツの教育制度論議にとってどのような意味をもつであろうか。

PISA委員会の調査報告書は基本的に調査結果の客観的分析にとどまるべきものと考えられるが、興味深いことに教育の社会的不平等にかかわっては政策的提言が含まれている。それは要するに中等教育単線化の必要性を示唆するものである。つまり「社会的により少なく選別的である進路決定がなされるならば、社会的出自と能力達成との結合を解くことができると考えてよい」(35)というのである。

単線化を示唆するそこでの議論は、「一次的不平等」と「二次的不平等」という概念を用いてドイツの学校制度を分析するものとなっている。この二種類の不平等の区別はいわゆる自然的不平等と社会的不平等の区別とは重ならない。一次的不平等とは「ある進学のハードルにいたるまでに獲得される、次の段階へ進む前提となる能力の差異」(36)であり、個人の生得的な資質に関する格差と後天的に文化資本論的に獲得される能力等の格差、さらに個人の努力によりそれまでの学校教育の過程で獲得される能力等の格差を含む。二次的不平等とは「等しい能力を持った場合の、それぞれの家庭の社会的状況の違いに応じて異なる決定行動の社会的格差」である(37)。

これらの概念を用いるならば、ドイツの学校制度は次のように分析されることになる。ドイツ社会には(他の社会と同様に)幅広く一次的不平等が存在している。ドイツの学校制度はこの一次的不平等を均す機能を果たしていないだけでなく、むしろ一次的不平等は二次的不平等によって強化され、固定されている。学校制度の社会的公正さの度合いは一次的不平等を均す力の程度によってではなく、二次的不平等の程度によって測られるべきであり、この点でドイツの分岐型学校制度は二次的不平等がきわめて大きい、社会的に不公正な制度である(38)。

こうした一次的不平等と二次的不平等の概念は、前述した学校制度のジャンクション理論と結びついている。レーバーとショルツは、PISA以後のドイツの学校制度を批判的に展望して次のように述べている(39)。学校制度のジャンクションにおいては一次的不平等と二次的不平等が複合的に作用し、社会的不平等が生み出され、固着する。そのため、より多くのジャンクションがあり、より早期に、より頻繁に教育制度的な選択がなされなければならないような学校制度の下では一次的不平等と二次的不平等の結合作用がより強力に働くことになる。ドイツの学校制度はおおむね基礎学校四年修了時という早期に、高等教育への進学を事実上制限する学校種そのものの強力なジャンクションを置き、それはいわば一次的不平等と二次的不平等の結合作用が最大限に発揮される位置に存在している。ドイツの学校制度のジャンクションはそれだけではない。基幹学校や実科学校の修了時、ギムナジウム上級段階への進学時、アビトゥア取得後の大学進学時などの大きなジャンクションに加えて、留年率の高さに見られるようないわば小さなジャンクションが毎年置かれているとも言える。

こうして、レーバーとショルツによる議論を踏まえれば、次のように言うことができる。学校制度の中のジャンクションの存否や位置による学校制度の類型論＝学校制度のジャンクション理論はそれ自体で教育機会の不平等の存在を予見させる有効な枠組みであるが、それだけでは十分でない。そこへ一次的不平等と二次的不平等の概念を持ち込むことによって、学校制度の中の教育の不平等問題はより細密に論じられる。換言すれば、一つ一つのジャンクションにおいて一次的不平等と二次的不平等がどのように作用するかを問うことによって、学校制度の不平等をより分節的に問うことができるであろう。

4　「均質性の神話」と学校制度の展望

1　単線型学校制度の隘路＝「均質性の神話」

〈ＰＩＳＡ調査の結果を率直に受け止めるならば、ドイツの学校制度はジャンクションを減らして単線型へ近づくか、少なくともジャンクションの位置を後方へ動かすことによって教育機会の社会的不平等を縮小し、「能力発達の制約条件」を緩め、もって学力水準の向上を図るべきである〉。

穏健かつ妥当に思われるこうした主張は、ドイツでは必ずしも簡単に承認されるものではない。それは一つには教育機会の不平等やそれに伴う発達の可能性の阻害は社会の階層的編成に見合ったものであり、むしろ望ましいとする見方が存在するからであり(40)、また一つには、教育学的により重要な点であるが、様々な意味で異質性が高い生徒集団よりも均質性の高い集団の方が学習集団として望ましいとする見方（「均質性の神話」）が存在するからである。

ドイツの中等教育の教員はＰＩＳＡの結果について厳しく責任を問われている。世界で一番均質性の高い生徒集団を相手にしているにもかかわらず十分な成績が挙げられないという現実の中で、生徒集団の異質性を高めるような改革が抵抗なく受け入れられるとは考えにくい。実際、ＰＩＳＡの不成績に対する教育政策的対応としては全国統一的な教育スタンダードの設定とその達成度をみる統一テストの導入が進められているが、それは基本的に生徒集団の均質性の強化につながるものと言ってよい。ドイツＰＩＳＡ委員会のリーダーを務めたバウメルトは「ドイツの教員はもっとも均質的な生徒集団相手に授業をしており、なおかつ〈ダメな生徒〉についてもっとも強く不平を言う」と述べているが(41)、ドイツにおける統一テストの導入は成績の向上よりもむしろ日常的な選別性の強化、留年率や下方転籍率の上昇をもたらす可能性があると言えるのではないだろうか。

「均質性の神話」に対抗すべき異質性の価値を具体的に示したのはフィンランドである。日本でも佐藤学らが異質性の高い学習集団においてこそ高度な学習が実現するというフィンランドの教育の現実にたびたび言及している(42)。ドイツにおいてもフィンランドの教育制度はひとつの改革モデルとして注目されている(43)。完全単線型の学校制度の下、異質性の高い生徒集団において高い学業達成を可能にする要因として、佐藤によって、またドイツにおける議論でも同様に強調されているのが教員の教育的力量の高さ、教育の哲学の質である。

異質性の高い生徒集団は自動的に高い学業達成を生み出すわけではない。それは異質性を学習の障害とみなすのでなくむしろ契機とみなす学習観の上につかみとられるべきものである。「均質性の神話」は、その神話世界に安住する限りにおいては決して克服されることなく自己再生産を続けるであろうし、逆にこの神話に挑戦し続ける者だけがそれを克服する力量を身につけることができる。いったん「均質性の神話」を超える教育的力量の地平を見たものにとっては、それはもはや根拠のない「迷信」となるだろう。こうして「均質性の神話」が崩れたならば、前節で見たように、かつて「機会の均等」に対して向けられた「等しからざるものを等しく扱う」という批判の言葉は、そのまま反転して教育的力量の高さに対する賛辞となりうるであろう。

2 教育的力量の発展と機会均等原理の「折り返し」

ところで、教育機会の不平等の克服を、異質性の高い生徒集団を積極的に対象とする教員の教育的力量の発展の上に展望しようとするここでの議論は、実は冒頭でふれた黒崎の議論の中にすでに含まれていた。黒崎は教育の機会均等にかかわる平等化と個性化の二つの原理の関係の解明にもっとも自覚的に接近した議論としてT・F・グリーンの議論をとりあげている(44)。黒崎によれば、グリーンの議論においては平等の原理(「すべての人は、少なくとも他の人に対して提供される教育と同じ程度の良い(等しい)教育を受ける権利をもつ」)と最善の原理(「すべての人は、彼にとって最善の教育を受ける権利をもつ」)の間には弁証法的なシステム・ダイナミックスが存在する。教育制度の拡大はまず平等の原理の追求をもたらすが、次第に個々人の差異を教育的に配慮すべき属性と見なすことにより最善の原理への転換が生じる。最善の原理はいずれその本質的限界に近づき、「他の人々に与えられているものが自分には与えられていない」という不満を生み出すことになり、再び平等の原理の優勢へと転換が生じる、ということになる。

黒崎の議論は、このグリーンの弁証法的把握に対して「教育的スケール」を付加するというものである。黒崎は「優れた教育実践は多様な質を備えた生徒に対して、共同の場において働きかけることを可能にする」として、そうした教育活動の質の深まりの度合いを「教育的スケール」と呼び、その教育的スケールの推移こそが教育制度の分化、教育の個別化につながる最善の原理をふたたび平等の原理へと転換させる契機となると論じている。すなわち、こうして最善の原理から「折り返された」平等の原理の下においては「教育の平等化は画一化を促す」などといった非難は皮相なものとして斥けられ、「生徒の多様性を教育を豊かにするための契機として受け止めること」が可能になるというのである。

グリーンのいうシステム・ダイナミックスに、この教育的スケールを加えることは、こうして教育制度のあるべき姿が、教育力量の水準に比例して規定されるものであることを示唆するものであり、われわれが平等の原理を追求する場合、それは、いかにして教育実践の水準を平等の原理を可能にするだけのものに高めることができるかという課題として提起されるということを教えるものであるといえよう(45)。

本稿冒頭において、黒崎の教育の不平等問題は正統性問題へと吸収されているように見えると指摘したが、黒崎が機会均等論争を直接に検討した部分のしめくくりに書かれたこの課題意識こそが不平等問題と正統性問題をつないでいるということもできるであろう。なぜなら黒崎において教育の正統性問題は、まず何よりも、教育的スケールの目盛りを動かすような教育的力量を解放し支えるための構造を、教員の専門的自律性と親の学校選択権の間の「抑制と均衡」(チェック・アンド・バランス)の原理の上に生み出すことを課題とするものであったと言えるからである。

ともあれ、教育的スケールを付加された教育制度のシステム・ダイナミックス理解は、そのまま分岐型学校制度(ドイツ)から単線型学校制度(フィンランド)への移行の展望と同時にその困難さを示すものとなっている。学校制度のジャンクションの存在が一次的不平等と二次的不平等の結合を強め、学校種の差異が発達の制約条件として機能し、「均質性の神話」が強く信じられている現実の中で、いかにして教育的スケールの目盛りを進めることが可能となるのか。アメリカ、ドイツそして日本のそれぞれの歴史的社会的文脈は異なるが、黒崎とともに、改めてこれを教育の不平等問題の課題として確認しておきたい。

3 現代日本の学校制度——まとめにかえて

公立学校選択制度の急速な広がり、公立中高一貫学校(中等教育学校)の制度化、習熟度別指導の広がり、義務教育段階における私立志向の高まり、ある種の公設民営学校の要求、また「特区」論議の一部などは、学校制度の複線化への志向を含んでいるように思われる。複線化への志向は、もちろんそれぞれに相対的な意味合いにおいてではあるが、学習集団内の異質性の縮小へつながっている。「均質性の神話」は現代日本にも存在し、ますますその力を強めていると言うことができるのではないか。現代ドイツの学校制度論議を対象とする本稿は、そうした現代日本の状況に対して一定の批判的視点を提供しようとするものであった。本稿のまとめにかえて、いくつかの具体的論点を提示しておきたい。

学校制度のジャンクションにおける一次的不平等と二次的不平等の結合による教育機会の不平等の拡大という論点に即して考えるならば、現代日本の学校制度は単純な外見を保持したまま実質的には細かなジャンクションの再配置を進めつつあると言えるだろう。なるほど制度的な区切れとしては高等学校進学時に初めて大きなジャンクションにあたることになるが、実質的には小学校入学、中学校進学の時点での私立校選択があり、特に大都市部では相当の比重を占めている現実がある。公立中等教育学校の導入も、同様に親の選択行動に大きく依存する新たなジャンクションの配置と言えるだろう。それらのジャンクションにおける選択行動が、そののちの個々人の発達に対して構造的な制約条件を付すものとなっているかという点については、おそらく実証的な議論は難しい。しかしたとえば私立の小中学校や公立中等教育学校は、改めて言うまでもないが、構造的に有利な条件の提供を約束することによって自らの存在意義を確保している。これらのジャンクションの存在が、そこへ至るまでの一次的不平等を二次的に拡張し、固定する機能を果たしている可能性は決して低くはないだろう。教育機会の不平等を問題にする観点からは、それらのジャンクションの正統性は改めて十二分な吟味を求めていると言えるだろう。多少具体的に言うならば、それらのジャンクションの存在が他の教育機会を個人の発達の構造的制約条件と位置づけてしまうとのないようなあり方が追究されなければならないのではないだろうか。

定義し直された教育機会の不平等を解消するためには、「均質性の神話」を克服するだけの教育的力量の向上が必要不可欠である。しかるに現代日本においては習熟度別指導の拡大や統一的学力検査導入の機運の高まりに見られるように、むしろ「均質性の神話」は強化されつつあるとも言える。そうした中で、教育的スケールの伸張をどのように展望することができるであろうか。

ここでもう一度、黒崎の議論の中に示唆に求めるならば(46)、たとえば学校の自律性の拡大を単純な市場的競争のための解放とみるのではなく、提供されるべき教育の機会の質と量についての地域の教育委員会の賢慮と組み合わせてみることで、一つの現実的な希望を語ることができる。黒崎は学校選択制度への批判に対して、学校選択制度を二つに区別する必要を指摘し、自らの支持する「規制された市場」における学校選択の理念をおおむね次のように説明していた。公立学校制度にとって本質的な要請は「平等」かつ「最善で適切」な教育の保障である。意欲と創造性を備えた専門家教職員は自らの教育理念にしたがって実験的な学校教育活動を行う自由を認められ、その学校教育活動は子どもと親に選択されることによって正統化されなければならない。ただし、選択されるならばいかなる実験的な教育活動も許されるというものではありえない。「『規制された市場』という考えからは、まさにどのような実験を行なうことが公共的な目的にとって意義があるのかという点が、公共政策の決定事項となる。どこでどのような実験的な学校がつくられるべきかは教育委員会の指導性にかかっているのである」(47)。

もちろんこうした指摘によっても、そこでは専門家教職員の専門性の妥当性の問題が教育委員会の指導性の問題へと、いわば順送りされたに過ぎないとみることもできよう。しかしそれでもなお、個々の学校、個々の子どもや親の成功だけを目的とするのではなく、公立学校制度の全体を不断に再構築し続けることを目的にする黒崎の議論には相当の説得力がある。「均質性の神話」に抗してあえて生徒集団の多様性を重んじる、そうした学校の運営、教育の実践が住民の支持を得て教育委員会のサポートを獲得するような状況を生み出すことができるなら、そこにこそ学校の自律化、教育制度の多様化・複線化の流れの中の逆説的な可能性を見出すことができる。そう信じたいと思う。

注

1 黒崎勲『教育と不平等』新曜社、一九八九年。この『教育と不平等』の基本的論旨を構成する論稿は一九七九年から公表されてきた。
2 堀尾輝久『現代教育の思想と構造』岩波書店、一九七一年、一三九ページ以下、参照。
3 黒崎、前掲『教育と不平等』七八ページ。
4 同前、一九二ページ。
5 同前、一九七ページ以下。なお黒崎『教育行政学』岩波書店、一九九九年、もほぼ同様の議論を展開している。
6 宗像誠也「教育権論の発生と発展」『宗像誠也教育学著作集』第四巻、青木書店、一九七五年、一四七ページ。なお五十嵐顕「教育の機会均等」『教育基本法（改訂新版）』新評論、一九七五年、も参照。
7 広田照幸は公立学校選択をめぐる藤田英典と黒崎の評価の相違を「配分」の観点を重視する藤田、「社会化」

の観点を重視する黒崎、として整理し、「社会化機能を一人ひとりの現状に合わせようとすると、配分機能の上で不平等を積極的に生み出す教育システムになってしまう」というジレンマを指摘している。この広田の整理は黒崎における「機会均等」問題の「正統性」問題への解消という本稿の見立てとも整合的である。広田『教育不信と教育依存の時代』紀伊國屋書店、二〇〇五年、一一六―一一七ページ。

8　二〇世紀初頭のアメリカにおける教育の機会と平等を結びつける枠組みの成立については、苅谷剛彦『教育の世紀』弘文堂、二〇〇四年、が興味深い。そこでは機会均等論争につながる論点がすでに単線型学校制度の確立期に萌芽的に登場していたことが示されている。

9　近代化仮説の変種として「飽和」仮説がある。これによれば、ある教育機会（たとえば後期中等教育）が上層にとって「飽和状態」となって後、初めてその機会が次の階層に対して開放される。この場合、教育機会拡大の効果は飽和点の前後において大きく異なることになる。教育機会の拡大のスピードがある程度速ければ近代化仮説と飽和仮説は結果的に一致する。

10　Shabit, Y. and Blossfeld, H.-P. (ed.), *Persisntent Inequality : Changing educational attainment in thirteen countries*, Westview Press, 1993.

11　Mare, R. D., "Social Background and School Continuation Decisions," *Journal of the American Statistical Association*, Vol. 75, 1980, pp. 295-305. Mare, "Change and Stability in Educational Stratification," *American Sociological Review*, Vol. 46, 1981, pp. 72-87.

12　Mare, R. D., "Educational Stratification on Observed and Unobserved Components of Family Background," Shabit and Blossfeld (ed), *op. cit.*, pp. 351-367.

13　Müller, W., Steinmann, S. und Schneider, R., Bildung in Europa, In : Stefan, S. and Immerfall, S. (Hg.), *Die westeu-*

ropäischen Gesellschaften im Vergleich, Opladen, 1997, S. 219-245.

14 Ebd., S. 220f.

15 直訳すれば「蝶番」。教育機会の拡大を求める歴史的スローガンである「ラダーからハイウェイへ」を念頭に置き、こなれない訳語であるが、以下本稿では「ジャンクション」をこの教育のブロックの継ぎ目を示す用語として使用する。

16 Hahn, S., Zwischen Re-Education und Zweiter Bildungsreform. Die Sprache der Bildungspolitik in der öffentlichen Diskussion, In : Stötzel, G. und Wengeler, M. (Hg.), *Kontroverse Begriffe. Geschichte des öffentlichen Sprachgebrauchs in der Bundesrepublik Deutschland*, Berlin, 1995, S. 163-209. 以下、本節における教育の機会均等をめぐる言説史は本論文による。

17 Ebd., S. 182.

18 Ebd., S. 183.

19 Ebd., S. 184.

20 Ebd., S. 181.

21 ドルトムント大学教育研究所の年報各年版における定期的な調査報告など。Vgl., Institut für Schulentwicklungsforschung, *Jahrbuch der Schulentwicklung*, Weinheim und München. また、最近の研究成果の概観として、Vgl., Maaz, K., u.a., Stichwort : Übergang im Bildungssystem. Theoretische Konzepte und ihre Anwendung in der emprischen Forschung beim Übergang in die Sekundarschule. In : *Zeitschrift für Erziehungswissenschaft*, 2006/3, S. 299-327.

22 国立教育政策研究所編『生きるための知識と技能』二〇〇二年、ぎょうせい。

23 本稿が参照したドイツＰＩＳＡ委員会によるＰＩＳＡ二〇〇〇の報告書は次のものである。Deutsches PISA

Konsortium (Hg.), *PISA2000. Basiskompetenzen von Schülerinnen und Schüler im internationalen Vergleich*, Opladen, 2001. Ders, *PISA2000. Die Länder der Bundesrepublik Deutschland im Vergleich*. Opladen, 2002. Ders, *PISA2000, Ein differenzierter Blick auf die Länder der Bundesrepublik Deutschland*, Opladen, 2003.

24 Tillmann, K. -J., Die Ergebnisse der PISA-Studie in der bildungspolitischen Diskussion, In : Duncker, L. (Hg.), *Konzepte für die Hauptschule. Ein Bildungsgang zwischen Konstruktion und Kritik*. Bad Heilbrunn, 2003, S. 119-122. Rösner, Das doppelte Lottchen im deutschen Schulwesen, In : *Pädagogik*, 57 (2), 2005, S. 36-41. Loeber, H.-D. u. Scholz, W.-D., Von der Bildungskatastrophe zum PISA-Schock - Zur Kontinuität sozialer Benachteiligung durch das deutsche Bildungssystem, In : Manschner, B. u. a. (Hg.), *PISA 2000 als Herausforderung*, Baltmannsweiler, 2003, S. 241-285.

25 この点について、前原健二「ＰＩＳＡ以後のドイツにおける学校制度改革の展望――『地域共通学校』の提唱と新しい学習論――」『教育制度学研究』第一二号、二〇〇五年、参照。

26 Tillmann, a. a. O., S. 120.

27 オッズ比については、Vgl., Deutsches PISA Konsortium (Hg.), 2001, a.a. O., S. 356. なおここでも教育の機会はメアーにならって定義されている。

28 職業地位は七層に区分されている。上から、職員上層、職員下層、熟練事務・サービス労働者、自営業者（農業自営含む）、熟練労働者、手工業労働者、非熟練労働者。Ebd., S. 339.

29 Deutsches PISA Konsortium (Hg.), 2002, a.a. O., S. 166. なお Deutsches PISA Konsortium (Hg.), 2001, a.a. O., S. 357. の同様の集計表では多少数値が異なっている。

30 Deutsches PISA Konsortium (Hg.), 2002, a.a.O., S. 166.

31 Deutsches PISA Konsortium (Hg.), 2003, a.a.O., S. 60.

32　Ebd., S. 286.
33　Ebd., S. 288.
34　Deutsches PISA Konsortium (Hg.), 2002, a.a.O., S. 185.
35　Ebd.
36　Ebd., S. 163.
37　Ebd.
38　ドイツでは、一次的不平等のうち特に家庭環境に起因する部分に対する補償教育的措置はあまり議論の対象となってこなかった。おそらくそれは半日学校制度の堅持にみられるように親の教育権に対して公立学校の役割を限定的にとらえる憲法的意識によるものと思われる。
39　Loeber u. Scholz, a.a.O., S. 258ff. なおレーバーとショルツにおいては教育機関のブロックの継ぎ目（ジャンクション）は Gelenkstelle（＝関節）と呼ばれている。
40　Ebd., S. 268ff.
41　Ebd., S. 277.
42　佐藤学「フィンランドの教育の優秀性とその背景」『教育』二〇〇五年六月号、二五―三二ページ。同『習熟度別指導の何が問題か』岩波書店、二〇〇四年、など。
43　たとえばシュレスヴィヒ・ホルシュタイン州におけるフィンランド型の地域共通学校の提唱など。参照、前原、前出。
44　黒崎『教育と不平等』前出、一四六ページ以下。
45　同前、一五八ページ。

46 黒崎勲『教育の政治経済学』東京都立大学出版会、二〇〇〇年、特に一一三ページ以下、参照。

47 同前、一一五ページ。

5 + 田原宏人

子育ての自由の平等と福利追求の自由の不平等

1 主題——親心と不公正

『教育学年報』誌上で繰り広げられたいわゆる藤田英典・黒崎勲論争から一〇年が経過しようとしている。多くはすれ違いに終わった幾多の論点のうち(1)、ここでは動機づけをめぐる両者の一見すると対照的な想定を足がかりに、従来の議論では顧みられることのあまりない、しかし重要な問題について考えてみたい。

たとえば、一方で藤田は、学校選択制を導入すれば「実際にどうなるか」と問い、「学校を一元的に序列付けるのは……顧客としての親であり、生徒であり、世間である」と指摘し(藤田、一九九六：七二)、他方で黒崎は「教師の自覚と対応を変えるために有効性をもつ制度的枠組みのあり方」の究明の必要性を力説する（黒崎、一九九七：三八二）。私の読み取りによれば、これらの引用文中の「親」と「教師」とは相互に入れ替え可能である。藤田のストーリーには一元化に親和的な教師の意識と行為、黒崎のコンセプションには教育の正統化にコミットする親の意識と行為がたしかに位置づいている、と考えられるからである。興味深いことに、さもなくば一元化に親和的な親と教師に藤田は他者に配慮した「学校づくり」を期待し、「自覚」を駆動するとともにその受け皿ともなる学校選択を支持する黒崎は「諸個人の利害の対立」「利己的動機」を「社会制度として教育を考える場合」の「前提」に据えている（黒崎、一九九九：一三八―一三九）。

ここで両者の主張の違いを教育社会学と教育行政学の間のアプローチの違いに還元してしまうのは有益ではなかろう。むしろそれは検討に値する一つの論点を差し出しているととらえたい。私が念頭に置いているのは、一般的には次のように表現される考え方である。

理想は、それをじっくりと考え抜くことがどんなに魅力的であろうとも、リーズナブルな諸個人がそれを生活の指針にしようと動機づけられなければ、ユートピア的なものにとどまる。しかし、諸個人の動機に完全に縛りつけられている政治システムは、いかなる理想を具体化することにも失敗するだろう（Nagel, 1991 : 21）。

この論点は実践的であると同時に論理的でもある。苅谷剛彦によってつとに指摘されているように、教育の場面ではたとえば次のようなかたちをとってあらわれる。

家庭で伝達される文化の違いが決め手になる。そうだとすれば、子育ての自由を保証しつつ、教育における平等を実現することは、論理的にみて解決のむずかしい問題である。そのことにわたしたちもやがていやおうなく実感させられるかもしれない（苅谷、一九九五：二一四）。

「実感させられる」その時期はすでに到来している。「小中学校段階における学校選択が、他者に関わりのない、純粋に個人的な選好の問題なのか」（広田、二〇〇四：四六）という広田照幸の設問はその証左であろう。広田自身は現状における学校選択制の導入に否定的である。その理由は端的に、学校選択は「他者の未来における可能な選択肢に関わっている」（同前：四七）からである(2)。この結論は「論理的」には「子育ての自由」に制約を課すということを含意する。しかしながら、「子育ての自由」の制約による「教育における平等の実現」がもたらす望ましさの程度と、その逆によってもたらされる望ましさの程度とを比較衡量するとなると一筋縄ではいかない。

「家庭で伝達される文化の違いが決め手になる」のであれば、トマス・ネーゲルが述べるように、積極的な機会均等のための公共的な制度的支えは、階層のせいで生じる諸々の不平等を廃止しない。なぜなら、それは、パーソナルな圏域における家庭的選好の作動を廃止しないからである。それは、家庭的選好をパーソナルな圏域に制限しようとするだけだからである。公共的な諸制度だけが機会を決定しているわけではないのだから、家庭的選好がその圏域で作動するとき、それがより広範な社会的効果をもちつづけることは避けられない（Nagel, 1991 : 111）。

仮に、いわゆる補償教育政策を採用したとしても、この事態は避けられないであろう。なぜなら、それはせいぜい公正な機会均等を保障しようとする試みにすぎないからである。公共的な営みであるかぎりむしろそうでなければならない。だが、親は、我が子と他人の子どもたちとが公正な条件で競争することで必ずしも満足しない。数学の宿題を教えてとせがまれたけれど、隣の親御さんは中卒なのだから、教えてやりたいのはやまやまだが、不公正を助長することになるので差し控え、明日学校で先生に教えてもらいなさいと応対することを、すべての「できる」親に期待するのは非現実的であろう。かくして、家庭的選好が作動し、結果として不公正が生まれる。

以下で検討する問題は、しかし、その非現実性にあるのではない。そのとき親がその行為（親心）(3)ゆえに非難に値するかどうかという問題である。あるいは逆に、その親心を正当化することがはたして可能かどうか、可能だとしたらいったい何を根拠にそういえるのか、というのが本論文の問いである(4)。

2　素材――アダム・スイフトと批評者たち

この問題を検討する素材として、アダム・スイフトの著書 *How Not to Be a Hypocrite* (2003) をめぐって *Theory and Research in Education* 誌上で展開されたシンポジウムを取りあげてみよう(5)。同書の挑発的なタイトルは、一方で平等主義的信条を掲げながら、他方で我が子を私立学校に通わせている左翼的傾向をもつ親たちにしばしば浴びせられる非難にちなんで選ばれたものである(6)。なお、スイフトの議論の背景的文脈がイギリスのそれであるという点に留意を要するが、そこで論じられている論点は、我が子によりよい教育を受けさせるために、都心から郊外に脱出するアメリカの親や、中高一貫校をめざそうとする現代日本の親、あるいは藤田や広田の描く近未来ストーリーに登場する親たちにも基本的には当てはまるとみなされうる。

1　スイフトの議論

スイフトの議論の要旨は、(1)私立学校は（少なくともイギリスにおいては）廃止されるべきだ、しかし(2)私立学校が実際に存在している状況においては、条件次第で、親は我が子をそこに通わせることを正当化される場合もありうる、というものである。順に見ていこう。

まず必要となるのは、「われわれはどのように偏向的であることができるのかということにかんする偏りなき理論」(Swift, 2004b : 14) である。そのためにスイフトが用いるのは、ジョン・ロールズの原初状態

という お馴染みの理論装置である。自分のパーソナルな状況について知らないならば（無知のヴェール）、あなたは社会における利益と負担の分配を統べる原理を偏りなく（impartially）選択するであろう、というあれである。言うまでもなく、無知のヴェールの背後にいる人々は完全な情報遮断状態に置かれているわけではない。彼女／彼らが選択するであろう原理は、

人々が深く愛する者たちと取り結ぶ特別な関係性については、これを認めるであろうし、それらの関係性が、人間生活において根本的な価値を帯びており、特別の責務を創りだし、ある一定の種類の特別な取り扱いと偏愛を許可する、ということを承認するであろう（ibid.：13-14）。

ここで親子間の「特別な関係性」という歴史負荷的情報がヴェールをすり抜けていることを訝る向きもあるだろうが、そのことについてはふれない。いずれにせよ、右の原理の実質的意義は、「特別な関係性」と深くかかわる「家族価値（family values）」を尊重せよという点にある。これにもとづけば、家族内部におけるインフォーマルな相互作用（たとえば、読み聞かせなど）は許容される。

スイフトが私立学校廃止を提案する理由は次のようなものである。すなわち、我が子を私立学校に通わせる、その結果、我が子に競争上の有利さを与えるという親の自由は、この「家族価値」のために尊重される自由には属さないからである（ibid.）。公正を規準とする一見わかりやすいこの議論は、しかし、家族内部におけるインフォーマルな相互作用もまた、私立学校に通わせるのと同様の機能を果たしうるとい

うことに目を向けるとき、いささか要領を得ない主張となる。この点につきスイフトは次のように述べる。

たしかに、それらインフォーマルな相互作用は、実際には、不平等を生成する傾向にあるだろうし、それらの不平等は不公正なものとなるであろう。ある子どもたちが、彼女／彼らが親の選択において不運であったという理由だけで、他の子どもたちよりも相対的に悪い人生を送ることになるのは不公正である。しかし、親密な家族関係性を体験し享受する自由を親と子に否定するならば――たとえば、すべての子どもを国立孤児院に収容するというプラトンの解決策を採用するならば――、それは諸価値のバランスについての判断をひどく誤ることになろう（ibid.）。

公正がつねに最優先されなければならないとは限らない、というところがポイントであろう。公正という価値（競争上の有利さを生むか否か）と家族価値との「バランス」こそが思案のしどころなのである。

さて、競争上の有利さを与える私立学校が併存しているという既存の状況を前提とした議論に移ろう。スイフトは条件次第で、親は我が子を私立学校に通わせることを正当化される可能性があると論じる。すなわち、「まず第一に、利用可能な国家学校（state schools）がどのくらい悪いかということに、そして、自分の子どもをそこに通わせると他者にどのくらい違いをもたらすであろうかということに左右される」（ibid.：17）。順に見ていこう。

最初に、利用可能な国家学校の適切性如何という条件について。

我が子にとって適切な教育を求めるということは、現在利用可能な最善の教育を求めるということと同じではない。後者は、「他の子どもたちにたいして不公正な有利さを自分の子どもに買い与えるということになり、そうすることにより他の子どもたちにとって事態をより悪いものにする公算が高い」(ibid.)。ゆえに、最善の教育を与えることがつねに正当化されるとは限らない。正当化されるのは、スイフトによれば「十分によい」教育を子どもに確保してやることである。したがって、私立学校に通わせることが正当化されるのは、利用可能な国家学校が「十分によい」教育を与えることができておらず、私立学校が「十分によい」教育を与えることができ、かつ「十分によい」を超える教育を与えない場合となる。

では「十分によい＝適切な」教育とはどういう教育なのか。スイフトはまず「特定の子どもの特別なニーズを満たさない場合」(たとえば深刻ないじめに遭っている)を不適切性の「ベースライン」として設定している (ibid. : 17-18)。そしてそのベースを確保したうえで、さらに二つのケースを査定する。⑴貧困――善き生の受け容れ可能な閾値を下回る生――を避けるために不公正に乏しいチャンスしか与えないケース、⑵それに比べれば激しくはないけれども、望ましい職をめぐる競争において不公正な不利を生徒たちに残したままにしておくケース。この二つのケースはいずれもそこからの脱出を正当化するが、両者は微妙に異なることを要請または許容する。第一のケースにおいては、スイフトの正当な親心は、そうした貧困の生を避ける「公正なチャンスよりもよいチャンス」を与えることを正当化する。その理由は次のとおり。

そのような悪い結果を避ける公正なチャンスを自分の子どもに与えることに親の行為を制限するということは、溺れかかっている二人の子ども、自分の子どもともう一人別の子どものどちらを救うか決めるときに、コイン・トスで決めるよう親に求めるようなものであろう（ibid. : 18）。

それにたいして、予想される悪い結果の程度がそれほどでない第二のケースにおいては、正当化されるのは「公正よりもよいチャンスではなく、公正なチャンスを自分の子どものために求めることに限られる」（ibid.）（7）。

次に、親の選択が他者に及ぼす影響如何という条件について。スイフトによれば、親の「ミクロな選択の他者へのコストが……ミニマルであると仮定すれば、親は我が子が不適切性を回避するのを手助けすることを正当化される」（Swift, 2003 : 135）。視点を変えれば、これは、正義をおこなうことがその当人に課す負担の問題となる。たとえば、「自分はもつべきよりも多くをもっていると判断している裕福な個人は、超過分を譲渡することによって、より少なくもつ人々の何人かの生を直接に単独で改善することができるし、そうすることによって、世界を少しだけ公正にすることができる」。この場合、「金のより公正な分配への寄与は、彼女が進んで背負おうとするコストより多くを背負うことを彼女に要請しない」（Swift, 2004b : 19）。それにたいして、自分と同じ有利な立場にある親が自分の子どもを私立学校に行かせているときに、自分だけが我が子を地域の学校に通わせるという行為は、英雄的ではあるかもしれないが、自分の子ども（通学先の学校でいい鴨にされてしまう）に不公正に重荷を背負わせてしまいかねない。しかも、その行為によって全体としての正義がどれだけ前進させられるかも疑問である。このように、「規則の不正義は、われわれが貢献をなそうと個人的に努めることのコストを実際に引き上げる」(ibid.: 20)。それが受け容れがたいほど高ければ、正義への貢献は免除される可能性がある。しかし、スイフトは釘を刺すことを忘れない。

われわれが不正義な諸制度の下で生きているという事実は、われわれに白紙小切手を与えるものではない。多くの状況において、われわれの個人的選択は、諸個人と彼女/彼らの家族に公正なコスト以上のものをかけないで、社会正義に実際に貢献することができる。したがって、われわれは、進んで自分の割り当てをおこなうべきである(ibid.)。

以下、主要な三つの論点、私立学校廃止、正義のコスト、正当な親心にかんして、それぞれエリザベス・アンダーソン、マシュー・クレイトンとデビッド・スティーブンズ、コリン・マクロードによる批評とスイフトによる応答を見ていく。

2　アンダーソンの批評/応答——公正か羨望か

エリザベス・アンダーソンは、スイフトの私立学校廃止論の有力な論拠の一である「行列割り込み論」——私立学校は、価値ある大学の籍や職をもとめる競争において不公正に「列に割り込む」ことを可能にすることによって、機会均等を侵害する――は羨望にもとづいているとしてこれを批判する。

［スイフトの］この異議は、他人の才能の発達を、自分自身にたいする損傷として思い描いている。これは羨望の本質である。相対的に教育への関心が高い人々は、相対的に関心の低い人々が競争的に不利な立場に置かれるといけないから、自分の相対的に高い関心を行動に移すことを許されてはならない、というわけだ。／社会契約論的観点から見れば、われわれは皆、皆の才能の発達にインタレストを有している。……社会的仕組みは、皆の自分の才能の行使から皆が利益を得るように設計されるべきである。すなわち、分業における協働からの利得が皆の絶対的な有利さを高めるように設計されるべきである（Anderson, 2004 : 105）。

この見解は彼女の「民主的平等」構想と連動したものである。それは、「市民間の正義に適った関係性というコンセプションにおいては平等主義的であるが、資源と機会の分配における正義のコンセプションにおいては十分主義的（sufficientarian）である」（ibid.）。逆に言い換えれば、「皆が対等な者として機能するに十分なほどもっているかぎり、この閾値を超える不平等は格別の関心事ではない」（ibid, 106）。

これにたいしてスイフトは、アンダーソンの「十分主義は十分ではない」と異議を差し挟む。彼によれば、「自らのコントロールが及ばないという理由で、人々が他者よりも相対的に良いまたは悪い生を送るとするならば、それは不公正である」（Swift, 2004c : 324）。さらに、「われわれの社会における教育の役割を踏まえるならば、われわれが語っているのは、何らかのかたちで他者よりも境遇を不公正によくするだけの不公正ではなく、他者の境遇をさもなければそうであるよりも悪くするような種類の不公正である」(ibid. : 326)。さらに、この場合、他者は、「教育が道具的にはたらくような財を得るチャンスという観点からみて、絶対的に状況が悪化させられる」(ibid. : 340)。このことは、教育という財が帯びている一つの位置財としての特性——何を学んだかではなく、分布の中のどの位置に立っているかが意味をもつ——に由来しており、この場面でトリクルダウン効果やパイの拡大の効果を期待するのは見当はずれである(Swift, 2001 : 115-116)。「教育を分配するやり方は教育が何であるのかに依存する」(Swift, 2004c : 326)。とはいえ、スイフトは、アンダーソンの民主的平等がそうであるように、「(少なくともある種の)不公正を認容もしくはそれに適応するような学校規則を進んで是認すべき」(ibid. : 325-326) 局面がありうるということを承認している。

3　クレイトンとスティーブンズの批評／応答——正義の重荷

アンダーソンの批判は、スイフトの議論がどちらかといえば平等主義的に過ぎるというものであった。それにたいして、マシュー・クレイトンとデビッド・スティーブンズには、それは平等主義としては手ぬるい、恵まれた親に甘すぎると映っている。

「どうすれば教育における正義を実現するという重荷の公正な割り当てをしたということになるのか」(Clayton & Stevens, 2004 : 114)、これが彼らの中心的問いである。スイフトの提案は「利益の公正な取り分にたいするコストの公正な割り当て」（Swift, 2003 : 144）である。クレイトンとスティーブンズはこれを「われわれが背負う必要があるのは、誰もが皆、正義の要求を受諾した場合に要請されるであろう重荷と同じだけの重荷のみである」（Clayton & Stevens, 2004 : 115）と解釈したうえで、正義がそれ以上のことを要請するケースがありうることを示唆することによってこれを批判する。

それにたいして、スイフトは彼らの批判は当たらないと反論する。彼によれば、公正な割り当て論には「道徳的な費用―便益」、すなわち「人は自分の割り当て分以上のものをすすんで背負うべきだ、そうすることがより多く貢献するであろう場合には」という考え方が含意されている（Swift, 2004c : 333）。この線に沿って、彼は、「多くの人々の協働によって達成される望ましい結果の見通しが存在するならば、その場合には、もし他の人々が同様に意欲的であるならば協働するという公正の義務が各人の側に存在する」（Clayton & Stevens, 2004:121）というクレイトンとスティーブンズの主張にも同意する（Swift, 2004c : 334）。ただし、こうした状況を「変則的（atypical）」と形容している記述も見られ（ibid.）、この点を考慮に入れると、スイフトの議論が、「平等主義者たちが典型的に抱いているいくつかの確信を収容する」（Clayton & Stevens, 2004 : 124）ことに成功しているかどうかは即断できない。

両者の見解が顕著な隔たりをみせるのは、親心をめぐってである。クレイトンとスティーブンズによれば、「親心の正当性は背景となる社会的諸制度の正義に依存」し、それが正当とみなされる範囲は、非理想的な状況下では相対的に狭くなる。たとえば、すでに不利な立場に置かれている親が、親心の正当性を受け容れるのはいかなる場合か。「もちろん、彼女のリーズナブルな返答は、もしも誰もが皆自分の子どもにかんして偏愛的に行為する公正な機会をもっているのであれば、その場合には、その意思決定は許容されうるかもしれない、というものである」(Clayton & Stevens, 2004 : 119)。こうした見解にもとづいて、彼らは少なくとも次の二つを必須条件として提案する。「⑴親がある一定範囲の偏愛的活動に携わる公正な機会、⑵子どもにかんする偏愛の許容の差異的効果を修復し、子どもたち各々の教育機会が平等なものにとどまるようにする一連の政策」(ibid. : 120)。

この異議にたいしてスイフトは「偏愛的理由の威力を過小評価している」と断じ、ある個人の親心が他者に負の帰結をもたらすとき、その不公正を被った他者によってさえ原因となった当の親心が正当化される可能性を示唆している(Swift, 2004c : 335)。もっとも、「そのような特別の取り扱いをいったい何が正当化するのかという問いは、まさしくいかなる種類の特別な取り扱いがそれによって正当化されるのかという問いと同じく、困難な問いである」(ibid.)とされているのであるが。次のマクロードがこの問題に正面から切り込んでいる。

4　マクロードの批評／応答——正当な親心

コリン・マクロードが取り組んでいるのは「親心の性格と価値をどう解釈すべきかという論点」である。鍵的概念である公正と親心のうち、前者に比して後者の「規範的意義」はあまり明確ではなく、親子間の強い情的つながりは親心を「説明」するかもしれないが、必ずしもそれを「正当化」しない(Macleod, 2004 : 312)。

子どものための最善の利益という規準と親心が関連づけられうるとするならば、「親心の表現には原理的には限界は存在しない」。しかし、少し考えてみればわかるように、「自分の子どもの最善の利益を促進しようという親の努力は、他者の基本的権利によって、また、属している共同体の法律や確立されている社会的規則に従うべしという要請によって正当に制約される」(ibid. : 310)。さらに、子どもの最善の利益の追求は「アンリーズナブルに重い要求を親に課す可能性がある」(ibid.)。この場合の調停作業はよりいっそう困難である。ゆえに最善の利益基準は却けられる。

なぜ親心は価値があるのか(8)。すでに、スイフトによって、親心には、「消費的」で「形成的」なアスペクトが存在するということが指摘されていた(Swift, 2003 : 10)。この一種の有用性を規準とする「道具的な観点」から親心の価値を云々するのは、しかし、スイフトの議論の文脈に照らせばむしろ周辺的な議論である。マクロードによれば、親心は「本来的に価値ある次元」を有しており、それは消費的財や形成的財から区別される「偏愛構成的財(partiality constituted goods)」のなかに位置している(Macleod, 2004 : 313)。

ベッドタイムストーリーは、子どもにとって面白いし、子どもの認知的スキルの発達を増進させもするかもしれない。したがって、強い偏愛の発現は、消費的および形成的な財の促進にも寄与しうる。しかし、物語の楽しさやスキルの発達は、おそらく、親子の特別な気遣いの関係性には本質的には依存していない。それにたいして、強い偏愛は、親密性や価値ある家族関係性を部分的に構成するように思われる。親密性の価値の一部は、特定の他者を特別なやり方で配慮するということに存している。われわれは皆をこのように配慮することはできないので、親密性の価値は強い偏愛の表現をつうじてしか実現されえない（ibid. : 313-314）。

強い親心は我が子の利益を特権化するが、それだけでは「偏愛構成的財を生成するには不十分」であり、そこには「特別な存在としての我が子への気遣い」が反映されていなければならない。かくして、「家族において偏愛構成的財を生成するために必要とされるような種類の偏愛は、特定の他者のニーズや利益に系統的・自発的に立ち会いそれに応答するという、根深い動機づけ的傾向性としてもっともよく理解される」（ibid. : 314）。ここにおいて、「自発性」の含意の一つは「人格間の無媒介的な結合」にある。たとえば、「私は、彼に物語を読み聞かせ、彼のために利用可能な最善の教育機会を確保してやるべく動かされるが、そのさい、そうした機会の追求が他の子どもたちの教育機会にどのように影響を及ぼすのかにかんしてはいかなる直接的な関心も払わない」という事態をそれは指す（ibid. : 314-315）。偏愛に本来的な性質であるこの対外部無関心の取り扱いは厄介である。必然的に、「偏愛の正当な表現を規制する諸原理は、ある意味で、偏愛の傾向性それ自体にとっては外的である」。したがって、

偏愛と平等との満足のいく調停は、たんに、親心の表現にたいする正当化される制約を同定することにのみ依存しているわけではない。われわれは、これらの制約にたいする応答性（responsiveness）の

程度に影響を及ぼす諸要因を検討する必要もある。……偏愛にたいする正当化される制約の源泉は、われわれが親に期待しうる、それらの制約への応答性に影響を及ぼす公算が高い……（ibid.：315）

マクロードは偏愛にたいする制約を二種類——公共的制約と私的制約——に分ける。

公共的制約とは、「教育へのアクセスを規制すべき一般的規則にかんする不偏的反省から浮かびあがってくる制約」をいう。マクロードによれば、ある強い偏愛が、「基本的な機会均等の実現にたいする重大な障害となり」、かつ「重要な偏愛構成的財を達成するさいに相対的に重要度の低い役割を演じる」ならば、その偏愛は正当に制約されうる（ibid.）。マクロードのこの見解は、スイフトのそれと大きくは違わない。

私的制約とは、「既存の社会的規則が不正義であるような状況において親の偏愛を規制すべき規範にかんする反省から浮かびあがってくる制約」（ibid.：316）をいう。マクロードによれば、スイフトは、「不正義な規則の文脈のなかに正当な偏愛の範囲を位置づける方途として、われわれの考え抜かれた直観的判断へのより直接的な訴えに依拠しているように思われる」（ibid.：317）。マクロードはこの方法を却け、非パーソナルな観点から検証することによって正当な偏愛を見定めようとする(9)。結果的に、この非パーソナル・テストは、我が子に公正なチャンスを与えるために私立学校に行くということが正当化される可能性を認めるスイフトの結論、直観的判断に依拠して得られた結論を否定することになる（ibid.：320）。

さらに、マクロードは、これら二種類の制約に抵触した場合の非難相当性にちがいが生じるとみなしている。すなわち、公共的制約に抵触したほうが重い。その理由を、彼はそれぞれの制約の「権威」のちがいに求める。公共的制約は「集合的権威」をもっており、社会的規則として通用している。それにたいして、

正当化された私的制約は、親の偏愛の傾向性と一致するのがはるかにむずかしい。私的制約は、自らの傾向性から発する偏愛の表現の正当性を規制し監視するというきわめて重い要求を親に課す可能性がある。ある程度までは、偏愛の自己規制のプロセスは、強い偏愛の重要な特性であるような種類の自発性の足手まといとなる（ibid.：317）。

したがって、私的制約を侵害する親は「間違って行為しているけれども容赦することができる」可能性がある（ibid.：320）。

さて、スイフトの応答を見てみよう。偏愛構成的財をめぐるマクロードの議論には「興味をそそられる」と基本的にはこれを歓迎している（Swift, 2004c：336）。また公共的制約と私的制約のちがいをめぐる議論にも共感的な関心を示している。しかしながら、マクロードが「非難相当性の差異源泉を正しく同定しているかどうか」について疑義を呈する。マクロードが着目しているのは「自発性（の喪失）」であるが、スイフトは「もっと明瞭で重要な理由」が存在するという。その一つはコストの大きさのちがい——私立学校廃止に賛成しない場合と、我が子を私立にやる場合との、正義にたいするコストが大きく異なる

ということである（ibid.：338）。それはもっともだが、私見では、マクロードの示唆のユニークさは、非難相当性のちがいの源泉を親の偏愛それ自体とのかかわりで導き出している点にあり、スイフトの批判は、少なくともコスト論が自発性論よりも「もっと重要」であることを示さないかぎり、いささか筋違いであるように思われる。

5　若干の所見

教育制度のあり方について規範的にアプローチしてみたいという気持ちを長年抱いてきた。ジョン・ロールズ『正義論』を嚆矢とする膨大な研究の蓄積はたしかに社会の基本構造のあるべき姿にかんして多くのことを教えてくれる。そのなかにはもちろん教育の機会均等原理の深化も含まれている。しかしながら、ロールズその人をはじめとして、あるべき姿の現世的実現となると「教育の力にまつ」的な論調に出会うことがしばしばである。たとえば、ロールズが体系構築、社会の基本構造の条件明細化から離れて、現実の社会を論じるとき、教育への期待は限りなく大きい。過剰だといってもいい。あるインタヴューのなかで、アメリカを例にとりつつ彼は言う。「教育は経済的および社会的なあらゆる問題の鍵です」（Rawls, 1993）。もちろん、ロールズに教育論をねだるのは的はずれではあるが、「教育」があたかも基本構造の外部にあるかのような口ぶりには戸惑いを覚えた。そこで、当初私は、有望と思われる規範理論を教育に応用してみれば答えを見つけられるのではないかと考えた。しかし、その試みは頓挫を余儀なくされてしまう。その理由はもはや明らかである。ロールズ自身の言葉を引用しよう。

われわれは、人々が市民としてもつ視点と、家族の構成員やその他の結社の構成員としてもつ視点とを区別する。市民としては、われわれには、正義の政治的原理によって特定される制約を結社に課すべき理由があるのだが、その一方で、結社の構成員としては、当該結社にふさわしい自由で豊かな内部生活のための余地を残しておくように、そうした制約を制限する理由がある。ここでもまた、異なる種類の原理の間での分業が必要だとわかる。われわれが親として、政治的原理に則って自分の子供を処遇するよう求められるというのは、まず賢明ではない。そうした原理はここでは場違いなのである（Rawls, 2001=2004 : 165. 訳書、二八八―二八九）。

我が身の恥を敢えてさらしたのは、わが国の教育改革をめぐる昨今の議論は、僭越ながら、その最も良質な部分を含めて、このことへの問題意識がやや希薄なのではないかとの印象をもっているからである。関連して付け加えると、制度設計の理論的作業（その前提として現状を評価する作業をここに含めてもよい）は個人（の立場）と集合体（の立場）との関係を見定めそれを調整することを主務とするが、その関係は「本質と起源において各個人の自分自身にたいする関係」（Nagel, 1991 : 3）でもある。

たとえば、ジェフリー・ウォルフォードが述べるように、「諸個人の願いと社会の必要との間のバランス」の見極めが肝要であることに間違いはなかろう。そのために、彼は、「はっきりものを言う聡明な市民たちが教育全体のために精力的に闘う」こと、「我が子の学校教育に関心をもつ親の正当な願いがすべての子どもたちのための上質な教育を促進すべく抑制される」ことが必要だと説く。そして、こうした必要に見合うシステムの一例として「ランダムな選抜制度」を提案する。「ランダムな選抜は不確実性を招き入れるので、当事者である親は、我が子の学校教育に全力を傾けるというよりは、すべての子どもたちのために上質な学校を求めて力を尽くす必要が出てくる」（Walford, 1996 : 152-153）。これはひょっとしたら巧妙な仕掛けであるかもしれないが、ウォルフォード自身の目的と整合的であるかどうかについては疑問が残る。このシステムを駆動するものが親（市民）の正義・公正へのコミットメントであるとは必ずしも想定されていないからである。それはあたかも親心という、さもなくば災害を引き起こしかねない自然の奔流を利用して水力発電をおこなうかのようである。この議論において、親心はその重要性にふさわしい取り扱いを受けていないように思われる。

教育問題は、（少なくとも子をもつ親にとっては）まずもって我が子の教育問題である。このことは断定することができるほど自明ではないかもしれないが、そのように表象される傾向にあるというのはかなりの程度事実であろう。そこに登場するのは、名無しの国民や民衆でもなければ、属性の束としてマトリクス上に表示される諸個人でもない。この事実を与件とする作業はいっそう込み入ったものになるであろうと想像される。

本論文で紹介したアダム・スイフトの議論は、従来の教育論につきまとってきた痒いところに手が届かないもどかしい状況を打破しようという挑戦的な試みであると思う。もっとも、彼の著書を読んだときの私の初見の感想は、クレイトンとスティーブンズのそれに近いものであった。どちらかといえば同書は

「偽善者」に免罪符を与えていると映った。この印象は、同書が、利用可能な資源を有する親に焦点を当てているにもかかわらず、当の資源の初期分配の正不正にかんする考慮に割くウェイトは低い、ということからもたらされた(10)。しかしながら、同書の冒頭に「多くの親には選択の余地などない」(Swift, 2003 : ix)と書かれていることからすれば、このような印象を抱くというのは奇妙な話である。

この奇妙さは、仮に完全に正義が実現された公正な状況においてさえ、親心(の発現形態)の正当性は独自の問題領域を構成するであろうということに思いを致すや、奇妙でなくなり始める。スイフトは誌上シンポジウムの最後に、自身の核心的問いを次のように言い換えている。

もしも、公正な割り当て以上のものを保有することが我が子にとって教育上の(およびその他の種類の)適切性を買うために必要であるならば、公正な割り当て以上のものを保有することをわれわれは正当化されるだろうか(Swift, 2004c : 339)。

この問いの条件節それ自体が、それに先立って問われた問いの答えとなっているということは言うまでもない。このような問い方はいかにして生まれてくるのか。彼は、一連の問いを立てるときの自身の基本的アプローチについて次のように述懐している。

私は大いに公正感応的(fairnesssensitive)である。私は至るところで不公正を目にする。しかも、あらゆる不公正は悪いと確信している。だからこそ、そのどれかが正当化されるのかどうか、つまり、ある種の不公正は他の種の不公正よりも重要なのか、また、さまざまに異なる不公正は、より重要であるかもしれず重要でないかもしれない他の諸々の価値とどのように衝突するのか、確信がもてずに自問するのである（ibid.：325）。

スイフトの議論（とそれに誘発された議論）は先のロールズからの引用にあった「異なる種類の原理の間での分業」を明細に記述しようと企てているとみなして差し支えなかろう。ただし「分業」は「衝突」を含み、新たな調停問題を提起する。そのさいの焦点がほかでもない親心である。家族という結社内部を統べる原理の検討は、公正としての正義論にとっては補遺であるとしても、あるべき教育論にとっては本論に位置すべきものであろう。

その本論において、教育改革をいかに構想するかは、第一に、教育という財のもつ本来価値的な側面と位置価的な側面のいずれに重点を置くかによって大きく左右される。前者は多様性・発達を、後者は平等・公正を主導的価値とするよう構想者に求める。しかしながら、いずれを重視しようとも、両者がいわばコインの両面である以上、他方を完全に考慮の外に置くことはできない。構想されるべき教育制度像はある種のある程度の不平等を自らの存立条件として組み込むことを要する。そのかぎりでは、この要請は、「実質的な不平等が容認されなければ、格差原理は満たされえない」という「社会学的事実」（Nagel, 2002：108）とパラレルである。だが、位置価的な側面をもつ「教育の事実」に照らすならば、仮に最悪の境遇にある者が格差原理の適用によって「改善」を得たとしても、相対的な位置が変わらなければ、彼女の境遇の絶対的悪さは変わらない。その意味では、教育は「格差原理の観点から考えることが意味をなさないかもしれないような財」(Swift, 2001 : 115) の一つである。親心は同時に多様性と不公正の源泉であり、尊重と規制の対象であるのみならず、「正当」なそれでさえ我が子の位置取りに影響を及ぼさずにはいられないと考えられるからには、ここに述べたすべてのことにたいして親心はレレバントである。

第二に、教育改革構想はその前提となる人間観によっても左右される。アマルティア・センは、個人のもつ「エージェンシーとしての側面」と「福利(well-being)の側面」とを区別し、「この二つの側面を無理に一致させて、人を単一の次元に限定してしまうことはできない」と指摘する(Sen, 1992 = 1999 : 56. 訳書、八五)。前者は、個人が価値を認めるもの(必ずしも経済合理性になじまないものを含む)を達成しようとする側面をいう。正当な親心の有効範囲は、エージェンシーとしての自由のそれの一部を占めるとみなすことができよう。言うまでもなく、この子育ての自由の平等は、とりわけ教育関連の文脈では、しばしば(子どもたちの)福利を達成する自由の不平等をもたらし、ひいては福利の達成における不平等をもたらす。それゆえ、こうした平等から不平等への転移に注意を払う十分な理由が存在する。たとえば、「他者の未来における可能な選択肢」を観点に据える広田は明らかに、福利を達成する自由の不平等に注目している。にもかかわらず、「人々の自由に焦点を置く評価構造(すなわち、結果よりも自由が注目変数となる評価構造)では、焦点変数の平等から結果のパターンが直接現れるということはない」。「結果のパターンは、その人自身の決定に依存する」からである(Sen, 1992 = 1999 : 72. 訳書、一一一)。のみならず、そのパターンは、福利を達成する自由の分配に左右されるだけではなく、「他の人々のエージェンシーとしての行動」(ibid.: 72. 訳書、一一二)にも左右されるのである。前者についての考慮がつねに重要だというのはそのとおりだが、後者のための何らかの適切な水路を確保することもまたそれに劣らず重要であろう。「教師の自覚と対応を変えるために有効性をもつ制度的枠組みのあり方」の究明作業をこの線に沿って解釈することもあるいは可能かもしれない。

ルールをつくるという観点からあらためて論点を整理し直そう。経験的レベルにおいて、親心の発動が分配の正不正に陥入する事態を所与とするならば、仲正昌樹が指摘するように「価値観に関わる決着の付きにくい問題を『私的領域』に押し込めて、公的領域をニュートラルに保つ」(仲正、二〇〇四:一二三)という戦略はここでは通用しない。困難は方法のレベルにもあらわれる。「他者への関心を『自己の置かれた状況が他でありえた可能性への関心』として扱う」(橋本、二〇〇四:三四)ことによって合意を形成しルールを定めるというのが現代社会契約論の骨格であった。しかし、「たとえ子どもがいようといまいと、またその子どもがどんな子どもであろうと、彼女/彼を特別に気遣うことは認められてよい」ということを自らの仕様とするとき、この鋭利な理論装置は一義的な規則を産み出すことができなくなる。かくして諸価値の比較・調停が作業課題として浮上する。その作業の過程において、またルールが決定された後にも、メンバーの動機形成がつねに考慮に入れられなければならない。

以上、私は海の彼方のやりとりをかいつまんで紹介したにすぎない(11)。調停問題の解が明らかになったわけでもない。だが、それでも、われわれにとっての今ここの協議リストに無視しえない一項目を追加することができたならば、本論文の目的は半ば達せられたことになる。

註

1　「卵を割らずにオムレツをつくることはできないが、たくさんの卵を割ってもオムレツができるとは限らない」（ハンナ・アレント）。黒崎はオムレツの有効なつくり方（抑制と均衡の公立学校選択制）を提案しているが、藤田の見るところ、それでは卵が全部ダメになってしまう。では、藤田はオムレツをつくりたくないのかといえば、彼もつくりたがっている。しかし、黒崎の見るところ、藤田はその（少なくとも有効な）つくり方を示していない。両者の間には公立学校をめぐるコンテキストの理解に隔たりがあり、これが各々の改革提案にも影を落としている。改善の余地は多々あるにしろ抜本的に転換するには及ばないとして「学校づくり」への取り組みの重要性を説く藤田の提案は、現行公立学校制度の基本理念である「唯一最善のシステム」に致命的欠陥を見出す黒崎の目にはインクルメンタリズム（「何にもまして致命的な（不可逆的）失敗を避けること、将来における軌道修正の余地を残すことを、政策思考・政策デザインの指導理念とみなす」（足立、二〇〇五、七四―七五））と映る。インクルメンタリストに理念の闘いを挑んでもすれ違いに終わる公算が高い。「唯一最善のシステム」理念とインクルメンタリズムとの結びつきは偶然ではないからである。藤田による黒崎批判がもっぱら学校選択の意図されざる帰結（公教育の私事化、競争の激化、不平等の拡大等々）の推定される蓋然性の高さに依拠していることはこの事情を物語っている。そこにあっては問題は致命性の程度であって理念の当否ではない。こうした思考スタイルはそれ自体としてコンテキストに流れ込み、論争はなかなか離礁しない。

2　このかぎりでは広田は教育を位置財（positional good）（後述）とみなしているが、彼の学校選択批判のより根本的な理由は「異質な他者」の「排除」にあるようだ。この場合には教育は内在的な価値をもつものと想定されている。ちなみに、教育における（不）平等問題の先駆者である黒崎は、学校選択との関連では、これまでのところ教育をもっぱら後者の文脈（教育理念による多様化）において論じている。

3 以下、'parental partiality' には「親心」、それ以外の場合における 'partiality' には「偏愛」の語を充てる。

4 周知のように、国民の教育権論は、教育的価値（教育の自律性）の名において、我が子の教育にかかわる親の意図や行為を制約する。教師を教育的価値の体現者として名指すか否かにかかわりなく、親の意図も行為もそれに服していることが要請されるという意味で、これは親にたいして全体主義的にはたらく。このようなたちで動機づけにおける分裂を回収する発想は、同理論の装いに反して、近代的なリベラルのメンタリティから遠い。

5 文献の入手にさいして朴澤泰男さんの助力を得た。

6 我が子を地元の公立学校に通わせまいとする労働党の他の政治家たちにたいして繰り返し批判を浴びせてきた労働党左派の論客ダイアン・アボットがいわゆるオプト・アウトしたことをめぐる興味深い討論をウェブサイト "Crooked Timber" 〈http://www.crookedtimber.org/archives/000766.html〉で読むことができる。

7 したがって、この見解にもとづけば、あなたの子どもが通うことになっている公立学校のレベルがひどくても、あなたが大学の先生であるおかげで、家庭内のインフォーマルな相互作用によって競争上有利になる資源を正当に供給されているあなたの子どもが、その学校に通ったとしても引き続き公正なチャンスを保持することになるならば、あなたは我が子をその学校に通わせない理由をもたない。

8 重ねて念のため。この問いは「親心は価値があるのか」という先行する問いにたいしてＹｅｓと答えている。この暗黙の前提の妥当性については本論文では問わない。

9 マクロードの非パーソナル・テストは次のようなものである。「次のような背景的条件のもとでおこなわれるポーカー・ゲームがあると想定しよう。あるプレーヤーは金持ち、あるプレーヤーはほどほどの暮らし向き、あるプレーヤーは貧乏。ゲームのルールは次のようになっており不公正であると仮定しよう。すなわち、十分に金持ちであるプレーヤーが親から追加カードを買い、そうすることによって自分が勝つ公算を高める。しかし、貧乏なプレーヤーは追加カードを買う余裕などない。さらに、ある金持ちのプレーヤーがすでに追加カードを買っているが、買っていない金持ちのプレーヤーもいる、と仮定しよう。誰にも皆勝つチャンスはあるが、すでにカードを買っているプレーヤーは自分が勝つ相対的によりよい不公正なチャンスを確保している。さて、今、われわれは、プレーヤーとしてゲームに加わろうとしている、と想定しよう。しかしながら、われわれは、すでに追加カードを買っている金持ちのプレーヤーが誰なのか、あるいは、追加カードをまだ買っていない金持ちのプレーヤーが誰なのか、あるいは、追加カードを買えない貧乏なプレーヤー誰なのか知らない。ここで、われわれのアイデンティティが明らかになる前に、われわれは、追加カードの購入にかんする原理について同意を求められる、と想定しよう。追加カードをまだ買っていない金持ちのプレーヤーに追加カードを買うことを許容するような原理にわれわれは同意するだろうか。私見によれば、これがリーズナブルな規則であるということは甚だ不明確である。もちろん、追加カードを買うことを差し控える金持ちのプレーヤーは、すでに追加カードを買っている金持ちのプレーヤーとの対比では、不公正に不利な立場に置かれることになるであろう。この不公正を緩和する唯一の道は追加カードを買うことである。しかしながら、追加カードの購入は、すでに勝つチャンスがもっとも低いプレーヤーのチャンスをいっそう低くしてしまう。また、このことは、追加カード原理に反対するもっともらしい議論が存在するということを示唆している。すなわち、追加カード購入を認める原理はすでに不公正であるゲームを全体としてよりいっそう不公正にしてしまう」(Macleod, 2004 : 319)。

10　この論点にかんしてはスイフトの最新の論文(Swift, 2005)で論じられている。いずれ本格的に検討する機会をもたいと思っているが、この論文は、「家族というブラックボックス」を開けて（遺伝子工学の影響をも含む）、規範的な観点から、経済的その他の有利さの世代間伝達の問題に正面から取り組もうというものである。ここでも、スイフトは、正当な親心の及ぶ範囲を「構成的偏愛」=「家族を価値あるものとするものを構成するような行為」に限定している。もちろん、こうした見解は、「自文化中心主義と非歴史性との攻撃を受けるリスク」を背負う。いずれにせよ、彼によれば、正当な親心は機会均等を限界づける一方、従来許容されてきた再生産メカニズムの多くを「不当な依怙贔屓（illegitimate favorism）」によるものだとして排除する。

11　本文および前注で参照したもののほか、スイフトのリベラルな基本的スタンスについて、彼のコラボレーターであるハリー・ブリッグハウスとの共著論文 Harry Brighouse & Adam Swift（2003）、機会均等のベンチマークとして「完全な社会移動」を用いることに異議を唱えた Adam Swift（2004a）がある。興味ある向きは参看されたし。

文献

Anderson, Elizabeth, 2004, "Rethinking equality of opportunity : Comment on Adam Swift's *How Not to Be a Hypocrite*," *Theory and Research in Education*, 2 (2) : 99-110.

Brighouse, Harry & Adam Swift, 2003, "Defending liberalism in education theory," *Journal of Educational Policy*, 18 (4) : 355-73.

Clayton, Mathew & David Stevens, 2004, "School choice and the burden of justice," *Theory and Research in Education*, 2 (2) : 111-26.

Macleod, Colin M., 2004, "The puzzle of parental partiality : Reflections on *How Not to Be a Hypocrite*," *Theory and*

Research in Education, 2(3) : 323-42.

Nagel, Thomas,1991, *Equality and Partiality*, Oxford University Press.

———, 2002, *Concealment and Exposure*, Oxford University Press.

Rawls, John, 1993, "Un entretien avec John Rawls," *Le Monde*, 30 novembre 1993.

Rawls, John (Erin Kelly ed.), 2001, *Justice as Fairness : A Restatement*, Harvard University Press. (＝二〇〇四、田中成明・亀本洋・平井亮輔訳『公正としての正義再説』岩波書店)

Sen, Amartya,1992, *Inequality Reexamined*, Oxford University Press. (＝一九九九、池本幸夫・野上裕生・佐藤仁訳『不平等の再検討』岩波書店)

Swift, Adam,2001, *Political Philosophy : A Beginners' Guide for Students and Politicians*, Polity Press.

———, 2003, *How Not to Be a Hypocrite : School Choice fo the Morally Perplexed Parent*, Routledge.

———, 2004a, "Would perfect mobilty be perfect?," *European Sociological Review*, 20 (1) : 1-11.

———, 2004b, "The morality of school choice," *Theory and Research in Education,* 2 (1) : 7121.

———, 2004c, "The morality of school choice reconsidered : A response," *Theory and Research in Education,* 2 (3) : 323-42.

———, 2005, "Justice, luck, and the family," Samuel Bowles, Herbert Gintis, & Melissa Osborne Groves eds., *Unequal Chances : Family Background and Economic Success,* Princeton University Press, 256-76.

Walford, Geoffrey, 1996, "Diversity and choice in school education : An alternative view," *Oxford Review of Education*, 22 (2) : 143?54.

足立幸男、二〇〇五「構想力としての政策デザイン」足立幸男編『政策学的思考とは何か?-公共政策学原論の試み?』勁草書房、五三―八六。

苅谷剛彦、一九九五『大衆教育社会のゆくえ――学歴主義と平等神話の戦後史――』中央公論社。

黒崎勲、一九九七「学校選択＝複合的概念――藤田論文に接して再考すること――」『教育史像の再構築』（教育学年報6）世織書房、三七七―四〇八。

――、一九九九『教育行政学』岩波書店。

仲正昌樹、二〇〇四「私的共同体と法」仲正昌樹編『共同体と正義』御茶の水書房、三―二四。

橋本努、二〇〇四「自由としての配分：配分原理の自由主義的基礎」仲正昌樹編『共同体と正義』御茶の水書房、二二五―四九。

広田照幸、二〇〇四『教育』（思考のフロンティア）岩波書店。

藤田英典、一九九九「教育の市場性／非市場性――『公立中高一貫校』『学校選択の自由』問題を中心に――」『教育と市場』（教育学年報5）世織書房、五五―九五。

Ⅲ

教育法学の展望

6 + 足立英郎

教育学・教育改革の進展と教育法学の課題

はじめに

『教育学年報10』において黒崎勲は、彼の学校選択論を批判する勝野正章が、「教師の教育の自由を尊重することが教育の中立性の『民主主義的』保障であることは、一九五八年の勝田守一・堀尾輝久による『国民教育における『中立性』の問題』以来すでに、理論的には十分論じ尽くされてきたことである」(1)と述べていることに対し、「現在の錯綜する教育問題を四〇年前に遡って理論的に解明されているとする発言の大胆さに驚」(2)いている。

たんに時間の経過だけで理論が古くなるわけではないが、その理論に対する絶えざる批判・検証を経て結果的に生き残るのであり、解明済みといって済ませられるものではない。教師の教育の自由論は、教育法学においてなおも圧倒的な影響力を有する「国民の教育権」論の中核に位置するものであるが、国民の教育権論に対して「停滞」(3)あるいは「評判を落としつつある」(4)との評価が加えられていることも、これでは当然だといえそうである。

教育という営みの特質に由来する教育の自由が教師に認められるべきであること自体は当然であろう。しかし解明されるべき課題はその先にある。教育の自由の内容とその限界であり、子どもや親の権利との関係、そして公教育における国家権力の位置と権限などである。「教職の専門性のもつ根本的な民主主義的性格への理解を欠い」たものとの黒崎に対する勝野の批判についても、「真理のエージェント」論への批判をどう受けとめるのかが問われる。勝野の「教育権理論」では、教育内容に関する国家の介入が退けられることは当然の前提とされていて、もっぱら教職の専門性と民衆統制との間にのみ課題が設定されている。

「国民の教育権」論については、教育権理論にみられる理論的難点とともに、時代の変化、課題の変化によって有効性を失った面を指摘しなければならない。バウマンの次のような言葉を真剣に受けとめるべきではなかろうか。「批判理論のかつての任務は、個人的自立を『公共領域』の侵攻から守ること、非人間的国家の強力な抑圧、官僚制、小官僚制の触手から守ることであった。批判理論のいまの任務は、公共領域を防御すること、別のいい方をすれば、空になりつつある公共空間を改装し、人を呼び戻すことにある」(5)。

これまで筆者は、憲法学からの批判とともに、黒崎の教育行政学批判や教育法学批判から学びつつ、国民の教育権論に対して主に法理論的・教育行政論的な観点からの批判を行なってきた(6)。

ところが最近では、前記のバウマンをはじめとする現代社会の大きな変化に対応する理論の組み替えの動きが教育学にも波及しており、より原理的なレベルでも、比較教育社会史などの研究によっても、教育学理論が大幅に見直されつつあるようである。これによって教育法理論も根源的な再構築を求められているのでは、との思いがますます強くなった。したがってその再構築は、たんに日本における近年の教育改革の展開への対応の必要性にとどまるものではなく、人間と社会の大きな変化のなかで公教育・学校教育がこうむりつつある変容に由来するものである。こうした問い直しは、憲法学における近代的人間像の問い直しや、民主主義論、国家と国民の関係の問い直しにも通ずるが、教育学などからの問題提起を受けて憲法学・教育法学がどのように理論化すべきかについては、今後の課題として残さざるをえない部分が多い。本稿は、二点についてのみ検討する序論的考察にとどまる。

1 「国民の教育権」論と国民形成

何を取り上げ、それをどのように論ずるかは、現状の問題点や課題、およびその解決の方向をどこに見るかによって決まる。

「国民の教育権」論は、中央集権的で画一的で強権的な国家による教育統制を、克服すべき中心的な課題とみて、そこからの自由・解放を教師の教育の自由に託したものであった。このような展望を支えた現実的基盤は教員組合運動の力と方向性への信頼であった。この現状と課題の認識は当時においては現実に即応したものであったといえる。にもかかわらず、その理論が現実に対して一定の有効な働きをすることを可能としていた、当時の日本の特殊な事情についての客観的な認識が欠けていたがゆえに、公教育の意義・目的や、そこにおける国家の役割についての認識には、今日から見れば大きな問題が含まれていた。

近年の教育改革については、多くの論者が次の二側面を指摘している。

第一には、ゆとり教育、スリム化、自由化、選択制、教育の地方自治や学校自治など、九〇年代に現実に進行してきた、また進行しつつある諸改革をどう考えるかということである。これらは教育改革の新自由主義的側面とされる。

第二に、教育基本法「改正」問題の中心にあるとともに、東京都における日の丸・君が代の強制がその現われであると通常は考えられている、ナショナリズムの問題、あるいは奉仕活動の義務づけや道徳教育の強化、『心のノート』問題など、公教育の役割や範囲、またはそこにおける公共性の意味や位置についてどう考えるかという問題がある。こちらは国家主義的側面、あるいは新保守主義的側面ということになる。

さらに、このような教育政策・教育改革における新自由主義と新国家主義・新保守主義との関係をどう整合的に理解するかも問われている。

またこれらの教育改革が必要な理由とされることも多い、体罰やセクシュアル・ハラスメントなどを引き起こす「不適格」教員、いじめ、校内暴力、不登校、学級崩壊、あるいは学力低下や学ぶ意欲の低下とそこにおける階層格差などの諸問題は、かつては問題自体が存在しなかったか、あるいは存在したとしても重要な問題とは認識されていなかったものであり、まさに今日的な現象・課題である。このような現状としたがって課題の変化とをふまえたときに、教師の教育の自由を中核として国家による抑圧や官僚制的な統制から個人の自由を守ることを中心課題としてきた「国民の教育権」論が、なおも有効な対応策を提示することができるかが問われている(7)。

それとも、中央集権的で画一的な教育統制の克服が、依然として最重要の課題であると考えるべきなのだろうか。たしかに、国旗・国歌の強制や、奉仕活動の義務づけ、教育基本法「改正」論における愛国心教育や歴史と伝統の尊重などの教育政策の国家主義的な側面は、国民の教育権論が現在もなお有効であるかのように思わせる要素ではある。この課題が日本において依然として重要であることは否定できない。しかし、この問題領域についても、欧米諸国の公教育の歴史や現在との対比において、日本の過去および現在がどのような特徴・変異をもつのか、逆にどの程度の共通性があるのかをふまえることが求められる。また教師および教員組合運動の力量や姿勢も、したがって「国民」との関係も、かつてと同じではないことも無視できない。そこでまず国民形成と愛国心教育について考察した後で、新自由主義改革の一つとされることも多い学校選択制について考えてみたい。

1 国民形成と愛国心教育

イギリスの教育学者アンディ・グリーンはブルベーカーやホブズボームに依拠しつつ、近代的共和制の過去の遺産と将来の目標を基礎とする国家中心の「市民的」ナショナリズムと、言語・伝統的文化・民族を強調するナショナリズムとの区別を述べている(8)。

後藤道夫も同様にホブズボームやゲルナーなどに依拠しながら、ナショナリズムを二つに分けている。すなわち、フランス・アメリカのような革命的・民主主義ネイション概念によれば、ネイションは市民(公民・国民)の集合体であり、母語やエスニシティは決定的要素ではない。そこでの国家に基づく愛国心を「シヴィック・ナショナリズム」と呼ぶ。これに対して、「血縁的・エスニックなネイション」は、一体性の根拠を特定のエスニシティや血統、母語、民族起原神話、血縁組織と一体化している宗教的紐帯などに求めようとするもので、このエスニシティごとに国家を要求するタイプのナショナリズムを「エスニック・ナショナリズム」と呼ぶ。ただし、実際にはほとんどのネイションはこの両者を多かれ少なかれもっているとする。

総力戦の時代には大規模な軍隊が必要で、とくに陸軍が形成できるためには国家に対する忠誠心と健康な身体、命令が理解できるだけの言語能力と初歩的教養をもった労働者と農民が大量に存在している必要があった。大衆社会化と大衆社会統合によってはじめてナショナリズムがネイション成員の末端にまで浸透することになった。そして日本ではシヴィック・ナショナリズムに対する批判が不十分であったと後藤は述べている(9)。この指摘の重要性は、次に述べるような欧米の公教育における愛国心教育の実態が無視・軽視されて、日本では愛国心教育がもっぱら日本の後進性・特殊性に基づくエスニック・ナショナリズムとしてとらえられてきたところにあるように思われる。

国民形成についてグリーンは次のように述べている。国家は自らを構成するものとして、国民と市民を造らなければならなかった。これは所与のものではなく、国家は人民に基づいて自らの正統性を明らかにしなければならなかったからである。そこで、国民を国防軍として徴兵し、訓練する、国民の誕生・結婚・死を登録する、国家行事に参加させ、国旗の下に集わせ国歌にあわせて行進させる、などさまざまな手法が用いられたが、何と言っても重要なことは国民を教育したことである。国民教育制度を通じて国家は規律化された労働者と軍隊を手に入れ、国語や文学を創出し、国家の歴史や国づくりの神話を普及させ、法律、習慣そして社会的土台を根づかせた。国民教育は地方を全国に、個別を普遍に同化する統合の強力なエンジンであった(10)。

筆者自身はアメリカ合州国について若干の検討を行ない、歴史的にも現時点でも、愛国心教育を含む国民=公民形成や価値の教え込みが行なわれてきて、連邦最高裁でもそれが肯定されていること、憲法や教育法の学問レベルでもこれを全面的に否定するような理論はみられないことを明らかにした。そこでも述べたように、ドイツやフランスにおいても事情はそれほど大きくは異ならないようである(11)。

グリーンも欧米における公教育制度の役割は国民の形成であったとしつつ、イギリスの場合には、国民国家形成が早くからゆっくり行なわれたことから国民形成のための公教育の必要性が乏しかったことと、自由主義の意識が強くて国家による統一的な教育に懐疑的な気風があったことが、職業教育を含めて統一的な公教育制度の形成がきわめて遅れた理由だととらえている。

そのイギリスでも列強帝国主義の時代には次のような状況だったという。ヴィクトリア女王の誕生日を帝国の日として祝う伝統はカナダではじめられて英国に広がり、一九〇五年には五五四〇校の初等学校と六校の教員養成カレッジがこれを祝った。そして（第一次大戦後の）一九一九年には祝典を行なわなかったのはウェールズの二つのカウンティと三つの市だけだった。祝典では国旗の掲揚と敬礼、国歌と他の愛国的な歌の斉唱が行なわれた。男子のパブリック・スクールは英国の帝国主義的使命と、リーダーシップ・名誉・誠実性といった資質を涵養し、エリート校では健康と教練を大いに強調した。一九〇六年の公立初等学校規則はカリキュラムに道徳教育を持ち込み、勇気の涵養、自己犠牲、「自分の国を愛すること」を要求した。歴史はほとんど英国史であり、その教科書は社会階級、政治、道徳、宗教、および世界の中での英国の地位について強力なメッセージを若者に伝えた。一九一一年初版で五〇年代まで版を重ねた代表的な歴史教科書は、「祖国を愛する我々すべてにとって唯一安全な道はただちに軍事を学ぶことであり、いかなるときでも戦う準備をしていることである」と締めくくられている、という(12)。

このように、公教育における国民＝公民形成の教育、愛国心教育が欧米でも共通の現象だとすると、そうした事実をどう評価すべきかという問題とともに、日本と欧米との差異はどこにあるのかを、より厳密に考察しなければならないことになるはずである。

第一に、社会の秩序を安定的に維持するためには、社会道徳のような既存の価値を子どもたちに伝えることは、どの社会においても必須であることがふまえられなければならない。そのことと国家の存続のために国民の育成を行なうこととがまったく別のことだとはいえないだろう。「新しい世代の個人にその社会の価値体系を教えこみ、また、社会構造のなかの特定の位置を占めるようにその個人を訓練する技術を文化として有していない社会は、存続することも、十分に機能することもできない」(13)。「宗教教育を公教育から締め出している国はあっても、公教育を完全に知育だけに限っている国は寡聞にして知らない……問題はそれを誰がどのように決めるかということである」(14)。

歴史や言語の教育、国歌斉唱その他の儀式などを通じての国民形成の教育において、少なくとも広い意味での愛国心教育が含まれないはずがない。そうした点を含めて、公教育における国民形成の要素を全面否定することはできないだろう。

そこで第二に、それではそのような国民形成や愛国心の教育は欧米においてどのように行なわれてきたのか、それに対する批判や抵抗はなかったのかが考察されなければならない。前述したように、「自由主義」的なイギリスの場合には、中央集権的な上からの統制ではなく、いわば下からのナショナリズムだったといえる。

アメリカでは、連邦政府が教育内容をコントロールすることは憲法上できなかったが、第一次大戦時には敵国であるドイツ語の教育を禁じたり、進化論教育を禁じたりするような強制を州政府が行なうこともあった。このような合理性のない政策については、平時には連邦最高裁が一定の歯止めをかけている。しかしながら、愛国心教育において重要な意味をもつ学校での国旗敬礼については、連邦最高裁も宗教的信条に基づく拒否を例外的に容認しているにすぎず、国旗敬礼自体を違憲としているわけではない。学校行事としての国旗敬礼それ自体は否定しないという考え方は、アメリカ国民にひろく受け入れられているものと考えられる。なぜそうなるのかといえば、市民革命によって「つくり出された」国家においては、憲法に表明された自由や民主主義の価値理念、共和制の価値観を市民＝国民が共通の土俵として受け入れていて、したがってそのシンボルとしての国旗に対する尊敬の念が共有されているからである。固有の民族的アイデンティティをもたないアメリカの場合は、特に建国神話や憲法的価値理念による国民統合の必要性が高かった。このような基本的な価値観における一体性・共通性があるからこそ、下からのナショナリズムが形成され、上から強権的に押しつける必要性は小さい。しかし九・一一以後のような「有事」には、アメリカ国民のナショナリズムが噴出することになる。

2 普遍的な価値・知識の教育と少数者の権利

アメリカ社会の保守化のなかで、たとえばジョージア州コブ郡では、教育委員会の命令によって、生物の教科書には〈進化論は仮説。事実ではありません〉というシールが貼られているというし、二〇〇四年一月には同州の教育長が、新たに作成中の教育指導要綱から「進化論」という言葉を削除しようとしたという(15)。

こうした動きはアメリカでは二〇世紀当初から一貫して存在するが、近年特に強まっているようである。これは厳密には愛国心教育の問題ではないが、普遍的な価値あるいは現代社会において必要な知識体系の重要な構成部分というべき教育内容への、教育行政による直接的な介入・関与である。後述するような、個々の親が自らの子どもについてだけ進化論教育や公教育を受けさせないように求めている場合とは異なる。その背景には広範な州民・地域住民におけるキリスト教原理主義的な意識や運動がある。しかし、このような動きの政治的な是非は論じられているし、内容によっては憲法裁判にもなりうるとしても、教育内容への関与それ自体が公教育の本質に反すると考えられているわけではない。もしも同様の事態が日本で起きた場合に、「国民」の教育権から導き出される教師の教育権論に基づいてこれに対抗することは可能・有効であろうか。

まさにこの点が欧米と日本との決定的な差異であり、国民の教育権論が特殊な前提の下にのみ成り立つ議論であることを示している。この日本の欧米との差異をどこに見るかが第三の論点である。

すなわち戦前の日本においては、欧米の場合のような自由や民主主義の価値理念、共和制とは異質の天皇制国家であったからこそ、下からのナショナリズムの形成が弱く、上からの強権的なナショナリズム教育を行なう必要性が高かった。そのために国民の内部に強い抵抗運動を生じさせることにもなった。ただし、後藤のいうように、それも、エスニック・ナショナリズムを基礎としつつもシヴィック・ナショナリズムであった。戦後においても、憲法の価値理念の根本的転換にもかかわらず、権力の座を占め続けた保守政治家は日本国憲法や教育基本法の価値理念を受け入れず、それに反するような価値観を占領終結とともに公教育に強引に持ち込んで強制しようとした。そうであればこそ、樋口陽一が述べたように、教育の自由をめぐる訴訟は、「親が、彼自身の価値に従って本当に公教育の理念から『自由』に子女に公教育を施すべきかどうか、が争点になっているのではなく、戦後公教育の理念から離れていく国にかわって、親や教師がそれに代位しようとする構図」となったのであり、国民の教育権論は「『国家の教育権』の内実を国民によって充填しようという論理構造をもつもの」(16)だったということになる。

すなわちそこでは、憲法＝教育基本法と国民と教師の価値観とが共通であり、相互間でもそれぞれの内部においても矛盾のないものであることが想定されるのに対して、国家権力だけはその価値観から外れていると考えられたがゆえに、教育内容への関与を排除されるべきものとされたのではなかっただろうか。しかしこのような前提は、前述したように欧米では一般的には成立しえない。そこでは、国民の多数と教師だけではなく、国家権力も共通の憲法的価値観に立脚していることを前提としながらも、ときには国家(州)政府の政策が排外的で過度なナショナリズムを強制することもあれば、住民の意思に基づく地方学校区が「多数者の専制」に陥ることもある。また「真理のエージェント」としての教師だけはこのような過ち・逸脱を免れうる、という保証ももちろんない。誰によるものであれ、共通の価値から逸脱した教育は共通の基盤たる憲法に基づいて正されなければならないし、「国民」一般ではなく「個人」の人権としての思想・良心の自由にてらして、民主的決定に対しても一定の制約が加えられなければならないことになる。この点で、国家だけが教育内容・価値観への関与を原則的に排除される、という議論は日本独特なのである。

このように、憲法的な価値観教育への国家の関与を一般的には肯定したうえで、なおも登場する論点の一つが、国家が行なう教育を子どもが受けることを、親が宗教的信条などに基づいて拒否する場合である。民主主義と人権との対立・調整問題といってもよい。かつて宗像誠也が述べた「君が代を歌うことを拒否する良心の自由」は、前述のアメリカにおける国旗敬礼拒否と類似するこうした問題だった。

しかしここにも日本の特殊事情があることをまず述べておかなければならない。すなわち第二次大戦後の（西）ドイツが国歌の歌詞を変えたように、欧米では国旗・国歌も憲法的価値に照応しており、したがって国民の多数がこれを支持しているなかで、これを拒否する「少数者の権利」をどこまで認めるのかが問題となる。ところが日本の日の丸・君が代は戦前の天皇制国家時代のものを変えておらず、侵略戦争のシンボルでもあった。その歌詞も日本国憲法の価値理念にそぐわないと考えられたからこそ、宗像の主張も後にはその全面否定へと変わっていき、少数者の良心の自由をどこまで認めるべきかという議論では必ずしもなくなっていったのである。そうだとすると、それは、政治的に、すなわち多数決民主主義によって解決されざるを得ない問題だということになるのではなかろうか(17)。

話を戻すと、樋口が取り上げていたフランスの公立学校におけるチャドル着用事件は、学校の政教分離と個人の信教の自由との対立という点では、「エホバの証人」派の生徒が宗教上の理由から剣道実技を拒否して退学となった神戸工業高等専門学校事件と近い。

このような公教育の部分的拒否の延長線上に、西原博史は、「ある親が、自分が属する宗教団体の教育機関で子どもをきちんと教育させるから子どもを小学校に行かせない、という主張」についてどう考えるべきかという問題をたてている(18)。

これは、一六歳まで一〇年間の就学を義務づける州法のもとで、八年生を修了した子どもを学校に送らずに起訴され有罪とされた三人のアマン派の親に対して、二年間の就学義務免除を認めた合州国連邦最高裁の Wisconsin v. Yoder, 406U.S. 205（1972）で争われた問題に近いが、公教育の全面的な拒否という点では、むしろ、現在では全米各州で認められているホームスクーリング(19)の是非の問題に近いといえる。

樋口が、公教育の成立は「国家による・自由への強制という含意を強烈に含む」(一二〇頁)と述べるのは、直接的にはフランス革命後におけるカトリックによる教育支配からの自由を念頭においていると思われるが、このような問題も視野にあるものと思われる。これに対して西原は、「〈公教育の本質=国家による自由の強制〉という等式」には違和感があるという(一五二頁)。

西原が述べる人権あるいは自由と民主主義との対立関係は、樋口がそこで検討しているフランスでの文脈に置き換えれば前者が民主主義(D)・寛容で、後者が共和主義(R)・政教分離・中立性ということになろう。樋口は、RとDとの対比には「その国その国の場合につきそれぞれの割合を見るという、相対的見地が必要だ」(一一二頁)としたうえで、フランスでは特に、学校内部にまで「相違への権利」を認めることは、「普遍的価値を教える」という学校の任務と両立しがたいと考えられている(一一三頁)、と述べている。

西原は「〈教育保障権限〉が、知識伝達を中心としたものとして国家に委ねられている」(八九頁)と述べている。西原は知識伝達と人格教育を分けているようだが、進化論や憲法の教育がどちらなのかを考えてみても、両者を截然と分けることは困難である。西原がいう「現代社会を生きるために必要な知識の伝達」が公民形成機能を一切含まないとは考えられない。そうだとすると普遍的価値を否定するような親の自由は認めないという意味での「自由への強制」は、公教育の本質的任務であり「もともとの意義」なのではなかろうか。樋口が述べているのは、公教育の「成立」についてであったことにも留意する必要がある。すなわち、公共性を独占し社会から自律した国家によって強行されるもの、というありようが公教育の原型なのだという認識である。

もっとも、このような共和派的な公教育モデルについては、歴史的事実として、本当に国家は親の教育の自由を抑圧してまでも「自由」への強制を貫いたのか、という疑問はある(20)。

その点はともかくとしても、樋口のいう共和派的公教育モデルは、今日、Dから見れば自由にとって親和的といえないことはたしかである。しかし歴史上あるいは理念上、それが「自由への強制」という意義をもったことまで否定されることにはならないのではなかろうか。西原自身も「市民として個人が発達するのに必要な知識・技能を、親の価値観に反してでも伝達することに、公教育のもともとの意義がある」(21)と述べていて、子どもに進化論の授業を受けさせない親の権利に対しては否定的な評価を加えていた。

問題なのは、西原も述べるように、欧米の場合にも公教育の現実の歴史が、その理念やたてまえどおりではなかったことである。しかし理念と現実とはひとまずはわけて考えるべきであろう。西原も認めるとおり、ナショナリズムもそれが歴史上果たした積極的な役割を全面否定することはできないのであり、ナショナリズム・愛国心教育を伴う公民形成教育の意義をいったん認めたうえで、公教育成立後の歴史の教訓をもふまえつつ、あらためて現時点でのその意義と、特にその限界とを考えるべきであろう。これが第四の問題である。

3　現代における憲法的価値観の教育

この点ではまず、グローバライゼーション、外国人の大量の流入、「個人化」の進展によって、言語や文化の共通性が失われ、価値理念の点でも多元化が進行し拡大するなかで、各国家が従来のように各国独自に公民形成教育・愛国心教育を行なえる条件はもはや失われてきていることに留意すべきである。しかし他面では、そうであるからこそ、社会の維持・存続のために必要な最小限の価値観を共有することの重要性が増しているともいえる。たとえば個人の尊重や平等を確保し、これを次世代にも伝えていくことは国家の重要な役割であり、反人権論を教える自由を学校に認めることはできない。同時に、公民形成教育・愛国心教育は、シヴィック・ナショナリズムの場合でも、ときに排外主義的となり、少数者への圧迫を伴い、全体主義にもつながった歴史の教訓をふまえることが求められる。さらに、社会はつねに変化するものであるから、未来の社会を担う子どもたちに、社会の変化の余地をいっさい認めないような教育を押しつけることは否定されなければならない。

これらの前提をふまえて、以下のように考える。内野正幸が、国民の教育権論を批判して「私としては……憲法教育へという方向性を探りたい」(22)と述べることにひとまずは同意する。しかし、憲法教育・公民形成教育は、程度・内容はともかくとしても、結果的にではあれ愛国心教育を伴うことがむしろ必然であるとの認識をふまえれば、たとえ憲法的な価値観の教育であっても、現時点ではむしろその限定・限界をより厳格に考えることが必要になっていると思われる。

そのような立場からは、「学校教育は、多かれ少なかれ価値注入としての側面をもっている」ことはそのとおりだとしても、永井憲一の教育内容要求権説について、「国家教育権を一定程度まで認めるものになるという点も含めて、積極的に評価されるべき」（一〇五頁）だとすることには賛成しがたい。また「学校教育の内容が、国家が前提にできる価値として唯一公認された憲法価値を指向することは、避けられないし、むしろ望ましい」という西原からの引用は、西原の叙述の意図を誤解していると思われる。西原の言明は、永井の主権者教育権論が、憲法価値に特定の解釈を施してイデオロギー的教化を押しつけることになる可能性をもつことを批判する文脈のなかで述べられているものだからである。

主権者教育論はフランスの共和派的な公民教育モデルに一見似ているが、教師が国家から自由に（法理上は無限定に）憲法教育を行ないうるとする点において、まして教育内容要求権説は、主権者として育成されるに相応しい教育内容を国家に対して要求する「権利」であるとする点において、支持できない。教育内容を要求された国家が、それに対してどのようにして義務を果たすのかが不明確であり、教師および国家がそれぞれ特定の解釈を施した憲法価値を indoctrinate することを容認する可能性があるからである(23)。

4　教育基本法「改正」論と愛国心

「教育基本法改正促進委員会」(24)の設立総会における、「お国のために命を投げ出しても構わない日本人を生み出す」との西村真悟民主党衆議院議員（当時）の発言について、「戦前への復帰」とか「戦前教育の肯定」などの批判が寄せられることがある。しかし前述のように、欧米でも「軍事を学び、戦争に備える」ことを当然とする教育がなされてきたのであり、その限りでは戦前の日本が特別だったわけではない。

したがってそのような発言に対しては、日本の過去（や現在）と欧米との差異を過度に強調する観点からの批判や、「国家のため」はもちろん、「国家との関係を引き受けること自体をタブー視する」(25)という立場からの批判では、後藤のいうようにかみ合った批判にはなりえないと思われる。

高度経済成長期以降の日本では、左右を問わず、国家とその構成員としての国民あるいはシティズンシップや愛国心の問題があまりに無視・軽視されてきた。とくに教育においてそうだった。その間隙を突いて「公」を強調する小林よしのりの議論やプチ・ナショナリズムが国民の中に広がっているのではなかろうか。命を投げ出すべきとされる国が天皇制国家であったか、民主制・共和制の理念を掲げる国家であるのかという違いをふまえたうえで、後者との関係でどう批判するかを考えなければ、現在の課題には応えられない。この点では、教育基本法第一条の「平和的な国家及び社会の形成者として、真理と正義を愛し、個人の価値をたつとび、勤労と責任を重んじ、自主的精神に充ちた心身ともに健康な国民の育成を期」す、との教育目的規定があらためて注目されるべきであり、これをどのように理解し評価するべきかが検討されなければならない。

教育改革国民会議第一分科会における奉仕活動の義務づけ論に対しても、小玉重夫は、「個人と国家との関係を再構築しなければならないという問題意識があった」ことを評価している。そのうえで小玉は、「第一に、国家＝国民＝市民という等式が崩れているというグローバルな状況を認識していないこと、第二に、個人と国家の二項対立的な把握を前提に個人が国家に対して義務を果たすという側面に比重がおいて議論され、市民が国家の意思決定に参加しそこで政治的判断力を行使する側面が軽視されている点」を批判している(26)。

教育基本法「改正」に関する二〇〇三年三月二〇日の中教審答申が、「グローバル化が進展する中で、自らの国や地域の伝統・文化について理解を深め、尊重し、郷土や国を愛する心をはぐくむことは、日本人としてこれからの国際社会を生きていく上で、極めて大切である。同時に、他の国や地域の伝統・文化に敬意を払い、国際社会の一員としての意識を涵養することが重要であり、これらの視点を明確にする」とし、「国を愛する心」は国家至上主義や全体主義とは異なると述べていることからみても、それがたんなる復古主義でないことは明白であろう。成嶋隆も、教育基本法「改正」論は「〈復古型〉が〈未来志向型〉に統合・吸収されていった」(27)ととらえている。

さらに、広田照幸は、「近年の『グローバル化』は、国民国家内部で完結した教育を自明の前提とした教育システムを揺るがせ始めている」として、一九九九年の小渕首相の諮問機関「経済戦略会議」の答申を皮切りに、「単一民族や血統主義にもとづく現在の国民概念から、複数の民族(エスニー)を包摂するより普遍的な原理にもとづく国民概念への転換」が提示され、二〇〇〇年の「二一世紀日本の構想」懇談会の報告書が「国内を民族的にも多様化してゆくことは、日本の知的想像力の幅を広げ、社会の活力と国際競争力を高めることにもなりうる」と述べていることに注目しつつ、「孤立主義と閉鎖主義の国民国家では、もはやグローバル化に対応し続けることはできない」ことの表れと見ている(28)。

このような厳密な認識に基づいた批判が対置されなければならないだろう。

2　学校選択制とチャータースクール

学校選択制をめぐる藤田英典と黒崎勲の論争については、すでにいくつかの紹介・検討(29)があるほか、アメリカにおけるチャータースクールや選択制の実態についての紹介や批判も続いている(30)。

その後黒崎は、『新しいタイプの公立学校』(31)において、はじめて日本に関して具体的な素材をもとに議論を展開している。そこで黒崎が肯定的に紹介している東京都品川区での改革・選択制については、苅谷剛彦のインタヴュー中心の論稿(32)も、「短所や問題点を抱えていることにも触れる部分も少な」く、意図的に価値的評価は加えていないが、黒崎の紹介と通じるところがある。

日本における学校選択制導入の実態については、学校選択制の肯定論者も否定論者(33)も、これまでのところは、自己の立場にとって都合のよいエピソードを取り上げるだけで、客観的・実証的でトータルな分析にはなっていないように思われる。特に否定論者のなかには、「新自由主義」とのレッテルを貼ればすべてが了解されると考えているかのような論述もみられる。

「資本主義的な市場原理の導入には反対である」との若月秀夫教育長の発言や、学力定着度調査の実施と学校ごとの公表の意図が、学校選択のためではなく小学校の改革のためであることなど、品川区の教育改革については黒崎の紹介によって認識を改めさせられた点もいくつかある。しかし選択制が公教育に「抑制と均衡」をもたらし、「改革の触媒」として機能するためには、教師の教育の自由の確保など、いくつかの条件が必要である。またクリーム・スキミング（いいとこどり）などの弊害の発生を回避・防止し、予期せざるマイナス効果を除去するための仕組みについても、慎重な配慮が必要であると考えている。その点では、黒崎の著作によっても疑問が解消されたわけではなく、問題点も含めた「改革の成果」についての綿密な「実証的」調査研究がまたれるところであり、ここでは評価は避けたい。

また藤田・黒崎の論争を別にすると、肯定論者のあげる論点と否定論者のあげる論点・問題点もずれていて、同じ論点や問題について具体的・客観的な事実やデータに基づいて正面からその当否を論じあうことにはなっていない。以下では、広田照幸による選択制に対する周到な理論的批判を取り上げて若干の私見を述べることにするが、黒崎による正面からの応答も是非期待したいものである。

1　配分機能と選択制

広田は教育システムが果たす機能として社会化と配分の両側面に注目する。ここで社会化とは知識伝達と国民形成の両者を含むものと考えてよいだろう。配分機能とは「学ぶ者を社会のさまざまな部分に振り分けていく機能」(34)のことであり、これまで「差別・選別」あるいは「能力主義」としてしばしば非難されてきたものである。その詳細については別に論ずることにしたいが、この両側面を重視すべきだとの広田の主張には同意したい。

このような立場から広田は、「黒崎の選択制の議論も、子供たちがどういうふうに労働市場に組み込まれていくかについての問題関心が欠落している」(35)と述べている。広田がそこで参照を求めている黒崎の論文(36)ではいわゆる「能力主義」への批判が展開されている。ただし黒崎は、能力主義に対する従来の機械的な批判に対してむしろ批判的な論陣を張ってきた(37)ことは忘れられるべきではない。それにしても、黒崎の選択制論において配分機能についての具体的な叙述がほとんど見られないことは事実である。

広田は、「将来の労働市場につながっているかぎり、多様な教育理念が横並びになったような『選択』は、公立学校全体には広がらないだろう」という。しかし黒崎がいう「改革の触媒」としての選択制は、多様な教育理念が公立学校「全体」に広がることまで予定していないのではないだろうか。

「選択や多様化が、どういう教育機会の配分構造を持つことになるのか、という問題関心が重要」であることはそのとおりであるが、そこで独自に論じられるべき論点が何なのかが具体的にはよくわからない。配分とは学校における教育の目的・内容・成果によって出口が分かれていくという問題であるはずである。ところが藤田英典に同調して「多くの保護者の関心は、学校運営・教育実践の特殊性にあるというよりも、学校の安全性や学力・学業態度の形成を中心とした準備教育としての有効性にあ」るため、結局は序列化が進行するはずである(38)、と述べていることからも、けっきょくは次に述べる主に学校への入口の問題である階層分化の問題に収斂しているように思われるからである。もちろん入口における階層分化と出口としての配分機能との間に密接な関連があることは事実だが、それならば別個に取り上げるのではなく両者の関連が論じられるべきである。学校の入口と出口がほぼ完全に等置される、すなわち学校が社会化モデルにおける加工工場ではなく、配分モデルにおける缶詰工場(39)であるとするならば、配分の点での学校の役割はレッテルを貼ることでしかないことになるが、それでよいのか(40)。

2　階層分化と選択制

選択制への批判として最も重要なのは、それが階層別の学校をもたらし、「異質な他者と接する機会、ともに学ぶ機会を制約」(41)することになるというものである。

規制されない市場原理的な選択制のもとではそうなる可能性が高いことはそのとおりだろうし、そのことが問題であるとの認識は共有するが、選択制はどのような制度の作り方をしても必ずそうなると、あるいはその弊害を小さくするための規制は一切不可能だと考えるのか、というのが第一の疑問である。

黒崎のいう「理念による選択」と市場原理との区別論に対しては、理念はともかく機能としては区別できないとの批判がなされている。たしかに、序列と競争を防止するためのいかなる選択か、という問題については、黒崎の反論は理念レベルにとどまっていて、機能とか制度レベルでの説得的な議論を提示していない。黒崎は宗像誠也に始まる日本の教育行政学が、権力による教育政策としての教育行政に対するアンチにとどまっていたと批判し、具体的な制度論の重要性を指摘するのだが、黒崎自身の選択論は、学校間序列や受験競争を防止する仕組みを組み込んだ制度論にはなっていない。

この点について筆者は、市場か公正か、福祉か自律・自由か、市場か国家か、というような従来の二項対立は真の争点ではないとし、「市場という制度を資本の手から生活者の手に奪い返す」ことを課題として、市場の意義自体は否定しない金子勝(42)に同調し、「公共サーヴィスにおける利用者の選択」を「準市場」という枠組みで分析し、クリーム・スキミングなどへの防止策や、その防止策の政治的な実現可能性を具体的に検討している児山正史の手法(43)に学びつつ、制度レベルで具体化していくことを今後の課題としたいと考えている。

私事の組織化としての公教育論の発想の原点には共同保育所運動があったといわれるが、高野良一が「小規模商店型」として分類する(44)ようなアメリカのチャータースクールは、親と教師が力を合わせて理想の教育を実現しようという意欲・熱意・コンセプトの点で、日本の共同保育所運動や、それが認可を得て社会福祉法人立となった保育園との類似性がある。共同保育所が認可された保育園は、その設立は民間の資金で行なわれるが、経常費・維持費が全額公費から支出される点でチャータースクールと類似している。

そこでは授業料は無償であるだけでなく追加的な支払も認めないことと、無試験での入学許可とが、階層分化を防ぐための必須条件となる。しかしその場合でも、父母との面接時における「バザーに協力してもらえますね。月二回の教育懇談会と運営協議会に参加してもらえますね」というような質問＝義務づけによって、入学者に階層による偏りが起こることは否定できない。『情報収集能力・判断能力や希望の選択を実現する能力は、家庭の文化資本・経済資本・社会資本に左右されるから』、教育熱心で余裕のある新中間層上層などが有利に選択制度を利用していくはず」だと広田がいうのもそのとおりだろう。

筆者自身も「階層」の視点は重要だと考えているから、この批判にどう答えるかは最大の難問ではある。黒崎も、階層分化の危険性を一般的には論じながらも、何らかの対策を講じなければチャータースクールや選択制が必然的に生み出す可能性のあるこの問題に対して、正面からは向き合っていない。

選択制が差別化につながるから全国一律の画一性や学区によるしばりが必要だとする広田は、他方で、子どもたちが学校や教育の意義を見失って学校や学習から逃避し、登校拒否や勉強離れを起こしている現状も認識している。そしてその理由の一つは、管理主義か自由主義かを問わず、学校の持つ権力性、押しつけにあるとみている。ではどうすればそうした子どもたちを学びに連れ戻すことができるのだろうか。もちろん、より根源的な解決策が求められているのだが、それは今のところ誰も示しえていない。そうしたなかで広田は、管理主義教育批判や校則批判の親の声や市民運動について、その意義を認めつつも、そうした親の声や市民運動が中層・上層の声であり運動であったとも述べ、教師によるパターナリズムが必要な、弱者たる子どもや親の存在も忘れてはならないとしている。チャータースクール運動と同様に共同保育所運動も、中層以上の市民の要求であり、同様のプラス・マイナスをもつものではあるだろう。

しかし、このような中間層を中心とした運動だからといってその意義を全体として否定すべきだとはいえないだろう。既存の保育園（公立学校）にあきたらない人、不満な人に選択肢を提供するだけでなく、既存の保育園（公立学校）に刺激を与えて改革を迫る「触媒」としての意義があったのではないか。現在の日本における労働運動も、正規職員として採用された、労働者のなかの上層の既得権を擁護するための組織・運動としての側面をもち、非正規雇用の労働者にとっては抑圧的・敵対的な現実があることは否定できない。だからといって、労働条件全体の引き上げのための政治力としても、ワンマン経営者へのチェック機能という点でも、労働運動が否定されるべきだとは考えられない。環境保護運動やオンブズマン活動、フェミニズム運動なども、その担い手の中心は中間層であるだろう。子どもや老人の世話をどうするかという問題や、近代家族になりきれない低所得層の問題をフェミニズムが軽視してきた(45)というのも広田の指摘するとおりだが、しかしそれゆえにフェミニズム運動それ自体が否定されるべきだ、とは広田も考えているわけではなさそうだ。

もちろんそれらの場合には、運動の結果として生ずる利益は担い手が独占するものではないのに対し、教育の場合には「異質な他者との出会い」の機会をなくす点と、ゼロサム的な選択であって他者を排除し他者の未来の選択肢に大きな影響力をもつことになる点において異なる、という反論が用意されている。この点は次節で論じたい。

また、コミュニティを地域的なものに限定して考えることは必ずしも正しくないのではなかろうか。広田は、学校や家庭と地域との連携が語られる場合に、価値観的に一枚岩的なものが想定されていることを危惧するとともに、地域レベルでの共同性は現在ではフィクションではないかという(46)。しかし、地域社会における異質な他者への排除や圧迫・差別という現実もなお存在するのではなかろうか。これをどう変えるかという課題が消滅したとはいえないのではないのか。啓蒙活動、人権意識の啓発以外に、どういう解決策を考えるのか。「『異質な他者』が棲み分けたほうが」よいとは言えない、とするウォルフォードの主張に広田は同調し、教育にかぎらず、「ネットワークや選択によるコミュニティ形成」という発想に一定の制約をかける必要がある」とも述べる。たしかに「一定の制約」が必要なことは当然であり、無制限に認められるべきだと考えているわけではない。しかしその範囲・限界を現実にそくしてもっと具体的に考える＝提言する必要があるのではないのか。「一定の制約」によって、そうした差別された人たちが自分たちのコミュニティを形成することを全面的に阻止・禁止するべきだとはいえないだろう。たとえば不登校の子どもを抱えた親や、移民等であるために地域社会に溶け込めずに排除されているような家族などが、自分たちのコミュニティ、自分たちの学校をつくることについて、同質的であるがゆえに否定されるべきだ、とは一概にいえないのではなかろうか。

3 選択の「権利」

広田は、黒崎もエリート主義者も同様に個人の「選択する権利」のメリットを強調しているととらえている。しかし、抑制と均衡の原理は、多様性を重視する結果としての選択制であって、選択の「権利」を高唱するものではないのではなかろうか。

そのうえで広田は、教育におけるクリーム・スキミングは、分化したサービスの受益者がいずれ市場での競争相手になるという深刻な意味をもっているとして、「『学校選択制度が教育の質をめぐる学校間の競争を生み、その結果、どの学校に行く子供も得をする』という議論は、配分の側面を無視する点で誤りである」という。

第一に、広田がそこで肯定的に引用している宮寺晃夫の議論には疑問がある。宮寺は、「障害を持つ子どもの親が教育委員会の就学指導委員会に対してわが子の普通学校への進学を求めるばあい」は、義務を負わせるべき相手がはっきりしているから親の学校選択権は有意味であるとする。他方で、一般論として親の学校選択権が主張されるばあいは、「他の親、とりわけて当該の子どもが越境入学してきたために不利益を被ることになる他の親にその不利益を我慢させる義務が正当であると、論証されなければならない」という(47)。

しかし、他の親にとっての不利益とはいかなるものか、選択の権利を当然に退けてよいというほどに重大・致命的だといえるのか、についての論証も求められるべきではないのか。逆に宮寺のあげる障害児の場合にも、障害児を受け入れた学校において、教師がその子の教育のために手をとられるなどの点で他の子どもや親が不利益を被る、と論ずることもできる。障害児の親による就学要求であっても、学校が背負いきれないような過大な負担を求める場合もありうるからである。またアメリカにおいては、貧困劣悪な教育条件を免れるために、むしろマイノリティこそが一般的な学校選択制を求めているという事実もある。このように、障害児の場合とそれ以外とを原理的に分ける議論はそれほど容易に成立するものではない。

第二に、日本では、すでに高校段階が全面的に「市場」化されていて、私立、公立の間だけでなく、公立校の内部でも進学校から低学力の「荒れる学校」までの格差が厳然と存在している。そしてそこに生徒の家族の階層による分断が起きているという現実がある。

この点について広田は、高校での階層的な分断を認めつつも、高校受験とは異なり選択制では基準が不明確であり、義務教育段階への拡大は規模等の点で比較にならないほど重大だという。たとえそのとおりであるとしても、現状をやむをえない（かまわない?）とするのであれば、説得力があるとは思えない。学校の階層的分断は許されるべきでないと考えるのであれば、日本の公立高校をどのように変えるべきか、私立高校をどう位置づけるべきかについて、基本的な見取り図を示すことが求められるのではなかろうか。

アメリカの場合には、「さまざまな階級間の融合を図る」(48)ためにも、地域の無償・無選抜の学校として誰もがともに学ぶことを理念とする単線型の「総合制ハイスクール」が基本であった。二〇世紀半ばにはその内部におけるコース別の格差や階層別分断といった問題を生んだし、居住地域や私学を考慮に入れれば学校間の階層分断の事実は否定できないが、私学の比重は日本に比べるとはるかに小さい。少なくともこうした点についての評価と、対案といえるほどには具体化されていなくても、改革の方向性は示すべきであろう。

またそこで広田が問題として例示している中高一貫校などは、規制されない選択制の問題であり、黒崎の選択制に対する直接の批判とはなりえない。そこで広田も、選択制の原理的な問題と具体的な制度上の問題を分ける議論を取り上げているのであるが、規制された選択制は実現困難だと結論づけているので、けっきょく最初の疑問に戻ることになる。この点は最後に述べたい。

4　ワンベストシステム

「いったん選択と多様化が進んでしまうと、……『全国どこのどの学校でも同じような教育サービスが提供される』状況に戻すことは、非常に困難になる」と述べる広田の議論の前提には、「ワンベストシステム」があるのではないか。それが官僚制的画一性を生んできたことへの批判が選択制支持者にはある。もちろん、知識集約型経済への移行が進んでいる現代において、基礎的な知識・教養の必要性がますます高まっており、その点で子どもたちに共通の基礎教育を提供することの重要性が高いことはそのとおりである。しかし一般論としてその重要性を認めたとしても、問題はなおその先にあると考える。

必要とされる基礎教育・共通教育の内容・範囲はどこまでなのか、どのようにして決定されるのかである。「必要とされる共通基礎教育はここまでだ」と、現行の学習指導要領のように文部科学省が、あるいは議会が細部まで決めて一律に実施することが望ましいのか、それしか方法がないのかである。市民道徳・公民教育を含めて考えても、教育基本法や学校教育法は最小限の、最も原則的・基本的な教育目的や教育内容について定めることはできるが、その具体的な内容や教育方法については、地方や学校の独自性が現在以上に認められる余地があるのではなかろうか。こうして、学校運営への地域住民や親の参加とあわせて、学校ごとの特色を打ち出すことが可能となったときには、一定の範囲内で親や子が学校を選択できなければならないのではなかろうか。

その場合には、イギリスのボランタリー・スクールのように、公費援助を受け入れた私立学校は授業料無償・無試験を条件として公教育のなかに位置づけることも必要となる。そうすれば、チャータースクールに対する法制度上の難問の一つとされる現行の私学とのバランスの問題は解決されることになる。

公教育として必要とされる共通基礎教育の限界を考えるうえで難しいのは、サマーヒルのようなフリースクールや、宗教系の学校、なかでもイスラム教やオウム真理教のような従来の日本社会の価値観から遠い（外れた）宗教の場合、あるいはアメリカで拡大しているようなホームスクーリングである。これらの教育の自由が、「公教育」との関係でどのように位置づけられるべきか、どこまで認められるべきかという問題は、学校の公共性、共同性、あるいは社会を成り立たせるための最小限の共通教育の範囲について再検討を迫る問題である。

この点については、これらのほとんどは、義務教育段階での「公教育」には含まれないものと考えるべきではなかろうか。そのうえでこうした学校に子どもを送る親の自由、言い換えれば義務教育からの「免除」が認められるべきかが問題となる。就学義務からの免除を、厳格な条件の下に例外的にのみ可能とする制度とするのであれば、その問題点は深刻なものとはならないのではなかろうか。

5　未来社会の構想と選択制

広田は、新自由主義に対置すべき未来社会の選択肢を提示することが求められるとして、経済成長に依拠しない道を選ぶという(49)。その選択に原則的には筆者も同意する。広田がその未来社会において想定している教育のあり方は次のようなものである。「学歴取得―地位達成を至上の目標にした受験に特化した学習の魅力が減じるだろうから、中学や高校で、もっと大胆な授業の試みができる可能性が広がる」「受験勉強の圧力の減少は、多様な形の教育や学習の試みを可能にする」、「『教育困難校』への支援の充実、学力保障への条件整備、困難を抱えた子供に対象を限定して、公費による多様な学校種別の整備や学校選択を認めていくこと」。

これは学校の多様性を大幅に認めたものになっていて、対象を限定してはいるが学校選択も明示的に認めている。現状では選択制を否定しつつ、自らが構想する未来社会では多様化や選択を認めているのだとすると、現在と未来とをどのようにつなぐのかを述べる必要があるだろう。統治制度も社会構造も人びとの意識も「革命」によって一挙に変わるということを想定すべきでないとすれば、「いま」の積み重ねのなかにしか未来がないとすれば、未来において実現可能な「芽」を現在どこに見出し、どのように育てていくのかを考えることが求められるのではなかろうか。

他方で、抑制と均衡の理念による選択制を支持する者にとっても、それが実際に機能する制度的な枠組みと、それを実現可能とする政治的・社会的条件を提示することが求められている。ただし、どのような制度であれ、それが理想（想定）どおりに機能し、予期せざる弊害は何も生じない、ということはありえない。日本の現状のもとで考えるとなかなか展望は開けないが、意図せざる「よくない」結果をもたらしかねない政治状況や国民意識をふまえつつ、選択制度が綱渡り的な選択であることを自覚したうえで、理念の提示にとどまらない具体的な制度の提言に向けて工夫を積み重ねていきたい。

註

1 勝野正章「教師の教育権理論の課題」『講座現代教育法2 子ども・学校と教育法』三省堂、二〇〇一年、一四一頁。
2 黒崎勲『教育学年報10 教育学の最前線』世織書房、二〇〇四年、iii。
3 戸波江二「国民教育権論の現況と展望」日本教育法学会年報三〇号、二〇〇一年、三七頁。
4 内野正幸「教育権から教育を受ける権利へ」『ジュリスト』一二二二号、二〇〇二年、一〇二頁。
5 ジークムント・バウマン／森田典正訳『リキッド・モダニティ――液状化する社会』大月書店、二〇〇一年、五一―五二頁。

6　足立英郎「九〇年代教育改革（論）をどう読み解くか――批判の視座を求めて」民主主義科学者協会法律部会『法の科学』三二号、二〇〇二年、一四四頁、および同「学校選択制・学校多様化の憲法学的検討」日本教育法学会年報三二号、二〇〇三年、一三六頁。

7　今橋盛勝が国民の教育権論についてその国民的基盤の脆弱性を鋭く指摘し、父母の教育権の名目性と教師の教育権との予定調和性を批判したこと、学校における子ども・生徒の人権侵害などを第二の教育法関係として取り上げたことは、教育法学における重要な貢献であった。しかし今橋は、二つの法関係の相互関連性を認識し指摘しつつも、第一の教育法関係における教師の教育権の適用限界の問題としてとらえるにとどまり、第一の教育法関係における教師と国家の役割や、両者の関係自体についての見直しにはいたらなかった。今橋盛勝『教育法と法社会学』三省堂、一九八三年。

8　アンディ・グリーン／大田直子訳『教育・グローバリゼーション・国民国家』東京都立大学出版会、二〇〇〇年、一八〇―九〇頁。

9　後藤道夫「国民国家・ナショナリズム・戦争」後藤道夫・山科三郎編著『講座戦争と現代4　ナショナリズムと戦争』大月書店、二〇〇四年、一五頁以下。

10　グリーン、前掲註8、一七七―七八頁。また、小玉重夫『シティズンシップの教育思想』白澤社、二〇〇四年、一〇六頁参照。

11　足立英郎「合衆国における公教育の正統性と公共性」森英樹編『市民的公共圏形成の可能性　比較憲法的研究をふまえて』日本評論社、二〇〇三年、一六〇頁。ヨーロッパにおける「国民化の道具としての学校」についての研究として、望田幸男・橋本伸也編『ネイションとナショナリズムの教育社会史』昭和堂、二〇〇四年参照。

12 グリーン、前掲註8、一七九頁。
13 黒崎勲「多元化社会の公教育――新しいタイプの公立学校の創設と教育の公共性」日本教育行政学会第37回大会実行委員会編『国際シンポジウム　多元化社会の公教育――新しいタイプの公立学校の創設と教育の公共性』同時代社、二〇〇三年、七頁。坂田仰「地方分権・自治の可能性と教育基本法改正問題」、前掲註6・日本教育法学会年報三二号、六六―六九頁も同旨。また、西原博史『学校が「愛国心」を教えるとき――基本的人権からみた国旗・国歌と教育基本法改正』日本評論社、二〇〇三年、一五三―五四頁で紹介されているルソーの「政治経済論」の一節も参照。
14 市川昭午『教育基本法を考える――心を法律で律すべきか』教育開発研究所、二〇〇四年、一七四頁。
15 二〇〇五年五月二六日付け「毎日新聞」(大阪版)「04米大統領選の土壌　第1部　宗教社会の底流②」。
16 樋口陽一『近代国民国家の憲法構造』東京大学出版会、一九九四年、一三三―三四頁。
17 この点につき、西原博史「思想・良心の自由と教育課程」日本教育法学会編『講座現代教育法1　教育法学の展開と21世紀の展望』三省堂、二〇〇一年、二一八―一九頁、および西原、前掲註13、一六頁参照。
18 西原、前掲註13、八九頁。
19 これらについては、足立、前掲註11を参照。
20 今野健一「フランス公教育制度の史的形成(7)完」山形大学法政論叢一三号、一九九九年、七九頁。
21 西原、前掲註17、二二四―二五頁。
22 内野、前掲註4、一〇四―〇五頁。
23 主権者教育論、教育内容要求権説への批判として、今野、前掲註20、八〇頁、および足立、前掲註6・日本教育法学会年報三二号、一四二頁参照。また、indoctrinationとinculcationとの区別につき、足立、前掲註11、一七七頁参照。

なお、森田尚人によれば、一九五二年の論文で勝田守一は、民主的な教師は「悪評高い注入（インドクトリネーション）を排するという形式的寛容をやめて……『許され得る』注入を行なうべきだ」と述べていたし、三〇年代のアメリカではカウンツが「インドクトリネーションを用いることを躊躇してはならない」と述べていたという。森田尚人「戦後日本の知識人と平和をめぐる教育政治」森田尚人・森田伸子・今井康雄編著『教育と政治　戦後教育史を読みなおす』勁草書房、二〇〇三年、三八—三九頁。小熊英二は、一九五〇年代の日本では、左翼・進歩派の教育学者などの多くが愛国心教育の必要性を主張し、当時の「アメリカ的」教育をコスモポリタンとして批判していたという。小熊英二『〈民主〉と〈愛国〉——戦後日本のナショナリズムと公共性』新曜社、二〇〇二年、三五四頁以下。そこでも指摘されているように、君が代に替わる「国民歌」として日教組が選定した「緑の山河」の歌詞にも「民族」の語が含まれていたし、国民歌の募集それ自体が国民統合をめざすナショナリズムに基づくものであったといえる。したがって、二次選考で残った「二九編の歌詞の大半がナショナリスティック」（田中伸尚『日の丸・君が代の戦後史』岩波新書、二〇〇〇年、四四頁）であったのも当然であろう。田中はまた、戦前の沖縄で果たした日の丸の役割に無自覚なままに、沖縄教職員会が屋良朝苗会長名で日の丸購入と国旗掲揚を訴える文書を各家庭に配布していたことも指摘している（一四五頁）。次に述べる現代の愛国心教育問題に対しても、このような歴史を受けとめたうえでの批判が求められている。

24　二〇〇四年二月二五日に自民党・民主党の議員二三五名によって設立され、民主党の西岡武夫元文相と自民党の森喜朗前首相が最高顧問、自民党の平沼赳夫（当時）、麻生太郎や民主党の鳩山由紀夫などが顧問。

25　小玉、前掲註10、一〇九頁。

26　同前。なお、奉仕活動の義務づけについて、教室での倫理・道徳の徳目の教え込みと違いはない、と批判する間宮陽介に対する次のような批判がある。「生徒たちが社会奉仕を強制されれば学校外の人たちと実践的な関係が取り結ばれ、奉仕活動を通じて視界の広がりや考え方の変化を経験できる。また友だちとの協同活動を通じて相互のふれあいやコミュニケーションが加速されるのであり、徳目を教え込まれるのとはまったく異なる社会体験になる可能性がある」。諏訪哲二『教育改革幻想をはねかえす』洋泉社、二〇〇二年、二一二頁。ここでも批判の厳密さが求められている。

27 成嶋隆「21世紀型改正論の特徴」法律時報臨時増刊『教育基本法改正批判』二〇〇四年、四頁。ただし、「制定過程を引き合いに出して『押しつけ』を主張するものは（「新しい教育基本法を求める会」の要望書以外には）みあたら」ず、「後景に退いた」としても、教育基本法「改正」論の内容の復古的性格については、なお慎重で丁寧な検討が必要かと思う。「伝統・文化」「宗教的情操」などの戦前との連続性を指摘するものとして、高橋哲哉『教育と国家』講談社現代新書、二〇〇四年を参照。現代的課題に応えるために古いものが利用されているととらえるべきではなかろうか。

28 広田照幸『思考のフロンティア　教育』岩波書店、二〇〇四年、二二―二四頁。

29 児山正史「教育の自由化論争と文部省の政策・一―完」法政論集（名古屋大学）一七九号、一九九九年、二九二頁以下、横田守弘「教育を受ける権利と『学校選択』『ジュリスト』一二四四号、二〇〇三年、一一六頁など。

30 チェスター・E・フィンJr他／高野良一監訳『チャータースクールの胎動――新しい公教育をめざして』青木書店、二〇〇一年。批判的なものとして山本由美「チャータースクール制度の実態とその分析」前掲註6・日本教育法学会年報三二号、一四六頁。

31 黒崎勲『新しいタイプの公立学校――コミュニティ・スクール立案過程と選択による学校改革』同時代社、二〇〇四年。

32　苅谷剛彦「地域からの教育改革は可能か」同編『新しい自治体の設計五　創造的コミュニティのデザイン――教育と文化の公共空間』有斐閣、二〇〇四年。
33　たとえば廣田健「学校選択制の光と影」、前掲註27・『教育基本法改正批判』五二頁。
34　広田、前掲註28、一一頁。
35　同、七六頁。
36　黒崎勲「教育の政治経済学」『岩波講座現代の教育九　教育の政治経済学』岩波書店、一九九八年。なお広田の引用では二〇〇〇年となっているが、それは同論文が再録された黒崎勲『教育の政治経済学――市場原理と教育改革』東京都立大学出版会の出版年である。
37　黒崎勲『現代日本の教育と能力主義』岩波書店、一九九五年。
38　広田、前掲註28、四四―四五頁。以下では広田からの引用のうち、同書の「学校選択と多様化の問題」と題する四二―五七頁からのものについては、いちいち頁を注記しない。
39　竹内洋『日本のメリトクラシー――構造と心性』東京大学出版会、一九九五年、一六頁。
40　ボールズ＝ギンティスの対応理論は缶詰工場説ではなく、学校が従属・分断を行なうという点では社会化モデルなのであるが、彼らやブルデューなどの再生産論に対しては、宿命論的で抜け道がないとの批判がある。小内透『再生産論を読む』東信堂、一九九五年、同『教育と不平等の社会理論――再生産論をこえて』東信堂、二〇〇五年。その点を含めて教育と階層との関係についての検討は筆者の能力にある。以下に述べるのはさしあたりの疑問の提示である。
41　前掲註13『多元化社会の公教育』一〇二頁の大桃敏行による質問。
42　金子勝『反経済学――市場主義的リベラリズムの限界』新書館、一九九九年、一三二六頁。

43 児山正史、法政論集（名古屋大学）一七六―一八三号、および人文社会論叢・社会科学篇（弘前大学）四―五号、一九九八〜二〇〇一年。
44 前掲註13『多元化社会の公教育』九六頁における質問。
45 広田照幸『教育には何ができないか』春秋社、二〇〇三年、七三頁。
46 広田照幸『教育不信と教育依存の時代』紀伊国屋書店、二〇〇五年、一五五頁。
47 宮寺晃夫『リベラリズムの教育哲学――多様性と選択』勁草書房、二〇〇〇年、一三二―一三三頁。
48 苅谷剛彦『教育の世紀――学び、教える思想』弘文堂、二〇〇四年、二一一頁。
49 広田、前掲註28、八六頁。

（当初の構想では、教育学理論の新展開の紹介を中心として教育法学の課題を探る三部構成とすることを考えていた。しかし時間と字数の超過により、第二部にあてる予定であった部分については、その一部を「教育学の新展開と教育法学」法政論集（名古屋大学）二一三号（森英樹教授退職記念・二〇〇六年九月刊）という独立の論文とした。あわせて読んでいただければ幸いである。）

［追記］
本稿は二〇〇五年五月に脱稿した。本稿の課題の一つは、教育基本法「改正」問題における主要論点の一つであった愛国心教育・公民形成教育について、その批判の立脚点を問い直すことであった。しかしその後、二〇〇六年一二月に教育基本法「改正」法は成立し、ただちに公布・施行された。文中で言及・引用されている教育基本法とは、すべて「改正」前のものである。

7 + 横田守弘

学校選択と教育権論

1

筆者は以前に、「教育を受ける権利と学校選択」と題する小稿において、公立小中学校における学校選択について積極的に発言している黒崎勳の見解が、教育を受ける権利をめぐる憲法学・教育法学上の議論にいかなる示唆を与えるのか検討を試みた(1)。そして、これがきっかけとなって、このたび本書の企画に参加する機会を与えられた。

しかし、前稿執筆の後、二〇〇四年に開設された法科大学院における教育に対して想像していた以上に多くの時間を割くことを余儀なくされ、その結果、前稿でふれたテーマについての研究は進んでいない。そこで、本稿では、前稿執筆後に黒崎が学校選択について行った発言を確認するとともに、前稿において字数の関係で十分にふれることのできなかった箇所について補足を行うことによって、最小限の責を果たすこととしたい。

2

前稿において筆者は、まず、アメリカ、イギリス、日本における学校選択の状況を概観した後、黒崎による「抑制と均衡の原理」にたつ学校選択の理念という主張と、これを批判する藤田英典との間の論争に注目し、若干の整理を試みた。そして、藤田による批判の主要な論点は学校選択が日本において実際にもつであろう機能に関わるものであるととらえ、その批判の要点をまとめたうえで、黒崎の主張は理論的刺激を与えるものであるが、藤田が学校選択導入に伴って危惧される問題としてとりあげる事柄にも一定の説得力があるとして、主に以下の指摘を行った。

ひとつは、「抑制と均衡の原理」に立つ学校選択の理念が実現させるものとされる「教育活動の多様性」が、現実の市場の力のなかで具体的にどのようなものとなりうるか示されていないことである。もうひとつは、黒崎の主張する公立学校改革の道筋は、公立学校で働く意欲的で創造的な教育専門家、それを支える親、教育委員会などの指導性という三条件がそろって初めて学校選択が「触媒」として機能するというものであり、各地域の実情にあわせて各地域で作りあげていく場合にのみ実効性を有するものであるから、この三条件がそろっても学校選択は絶対にうまく機能しないのだと言い切ることはできないということである。後者の指摘は、学校選択は常に悪だと切って捨てるのではなく、選択の要素をうまく組み込んだ公立学校改革の試みの可能性を検討する余地もあるのではないかという意識のもとで行ったものである。そして、脚注において、現実に進行する学校選択の動きを新自由主義的改革と批判する論者も選択の契機を内包した改革構想が求められていると述べていることを指摘した。

周知のように、その後、学校選択制を導入する地方公共団体は増加している。文部科学省が二〇〇五年三月二五日に公表した「小・中学校における学校選択制等の実施状況」の調査結果によると、小中学校を二校以上設置している市区町村（学校組合を含む）のうち、保護者が子どもの入学する学校を選ぶことのできるいわゆる「学校選択制」を導入しているのは、小学校については二二七団体（全体の八・八％）、中学校については一六一団体（同一一・一％）であったという(2)。

こうした状況のなかで、黒崎は、東京都品川区における学校選択制に注目し、これを積極的に評価するに至っている。すなわち、品川区においては黒崎自身がイーストハーレムで体験したのと同じ質の教育行政活動が機能しているものととらえ、また、品川区教育委員会による学校改革の試みが、「教育の営みは専門家教職員の自発性に基礎をおかなければならないが、自発性のみに依拠することは教育を専門職主義の閉鎖性と独善性のもとに放置することになりかねないという公立学校改革のジレンマ」に対して、積極的、能動的に働きかけるものであり、その試みに半ば成功している、というのである(3)。かつて黒崎は、一九九七年の文部省初等中等教育局長通知を受けた通学区域弾力化を、「市場原理に対するナイーブな信奉に基づく学校選択論」であり、市場原理が現実の社会においてどのような機能を実際に果たすことになるかについての十分な考察を欠くものと評しており、品川区において区立小学校の通学区域を四つのブロックにわける形で始まった自由選択を認める制度を、この通学区域弾力化の系列に位置付けていた(4)。そのことを想起するなら、品川区における学校選択制への黒崎の評価は、大きく一歩踏み込んだものと言えるだろう。

とはいえ、その評価には若干の躊躇が感じられないでもない。

まず、黒崎自身、イーストハーレムと品川区を比較して、次のように述べている。すなわち、イーストハーレムのやり方は、自然な、「穏やかな」やり方であり、意欲的で先進的な教職員に創造的で実験的な活動の自由を保障することを可能にし、そこでの成果が、今度は他の、通常の学校の同僚専門家教職員の活動の質を高める刺激となっていくという戦略に基づくものである。これに対して、品川区の学校選択制度は、まず選択制度によって「改革をせざるをえない条件を作り出す」との戦略に基づく、いわば強制的な、「過激な」やり方であり、専門家教職員に改革を強制するということと同時に、すべての家庭に選択を強要し、子どもの教育についての失敗をすべて家庭の自己責任として受容することを求める虞を持つ、と。また、黒崎は、品川区教育長へのインタビューなどに基づいて、同教育長の教育改革のイニシアチブは「選択の結果が自動的に学校改革を促すといった発想とは明確に区別されたもの」であり、かつての「市場原理に対するナイーブな信奉に基づく」ものという評価を変更して、抑制と均衡の原理による学校選択制度の一類型と理解すべきであるという。けれども、イーストハーレムでの経験が革新的な教育活動に意欲を持つ教職員に創造の自由の場を確保する手段であるのに対して、一律に親の選択という試練を与えて教職員の意識改革を行おうとする品川区の改革手法はリスクが大きく、この点でイーストハーレムとは対比的契機を持つものでもあるとも述べている(5)。

さらに、黒崎は、学校選択制度においては保護者の選択の自由の保障ということだけではなく、教職員の教育活動への意欲を高め、能力を発揮させる条件としての意義付けも重要であると考えており、教職員の教育活動への自律性についての保障がない場合には、選択の自由の主張は教職員にいたずらに圧力をかけるものに終わるだろうとしている。品川区の試みにおいては、この教職員の自律性確保という側面への注目が弱く、今後は、教職員の自発性を導き出す仕組みを考案して加えなくてはならないとする(6)。

もっとも黒崎は、品川区における学力定着度調査の公表をもって、教職員の専門職としての自由の基礎を提供するものととらえている。教育内容についての規定や教育委員会の直接的指示などのように事前に規制されるものではなく、学力定着度調査の結果による事後の評価による規制であるという点で、専門家教職員の教育活動の自由の余地をこれまでになく大きくするということのようである。これが品質保証国家のメカニズムであり、品川区においてもこういう方向で、教育長のリーダーシップは大きく展開しなければならない段階を迎えることになるというのである(7)。

加えて、親の学校選択行動を如何にして「学校を序列づけること」とは別の論理に基づくものにしうるかという課題の達成に関わる文脈においても、黒崎は品川区の学力定着度調査の公表に高い意義付けを与えている。すなわち、公表は、すべての公立学校の教育の質を向上させようとする方向に作用しうるという意味で、「公立学校改革が抱えるジレンマ」を解決するきっかけとなりうるというのである。ここでいうジレンマとは、公立学校の間には差異があってはいけないという伝統的規範を背景として、公立学校間の現実の差異をブラックボックスに入れて隠し続ければ、学校は官僚制と専門職主義の独善の弊から解放されないが、公立学校間の現実に存在する差異を明らかにすれば親の意識は学校の序列化に囚われたものになる、というものである(8)。

学力定着度調査へのこのような期待に対しては、学校を取り巻く現実に照らしての異論がありうるところである。黒崎自身も、公表された結果が期待を裏切るようなものであった学校に対して、如何にその再生のための支援を行い、それに成功するかという事実の積み重ねと、公表の結果を学校序列化に囚われた選択行動につなげようとする傾向との間の葛藤と緊張こそ、品川区の今後の教育改革の成否を決定づけるものとなる、と述べており、決して素朴に楽観視をしているわけではない(9)。いずれにせよ、以上にみられる品川区の学校選択制への微妙な評価は、前稿において筆者が指摘した、「教育活動の多様性」が現実の市場の力のなかで具体的にどのようなものとなりうるか示されていないということを反映するものであるように思われる。ひとつの市町村内部では有効と思われる試みも、中央レベルや都道府県さらには周辺市町村レベルにおける種々の動きのなかで、当初の予想と異なる作用をするということもありえよう。

黒崎もいうように、学校選択制を導入する地方公共団体の増加によって、「抑制と均衡の原理」に立つ学校選択の理念の妥当性を日本における事例研究を通して検証することが可能になってきている(10)。品川区を含めた東京都における事例については、これを新自由主義的な教育改革として消極的に評価する事例研究がある(11)。そこでは、品川区においては教育長が競争原理とは逆のことをしたのであり学校あるいは専門家教育集団に対する教育長のイニシアチブが決定的な役割を果たしたのだとする黒崎の評価をとらえて、同区の教育長によって推奨されたのはまさに競争原理・市場原理ではないかという指摘もされている(12)。筆者は、品川区の事例についてのこのように相異なる評価の当否について、論評する材料を持ち合わせてない。少なくとも、黒崎による評価が妥当するか否かの判断には、なお検証と時間を要すると言えるだろう(13)。

ところで、品川区における学校選択制を積極的に評価する黒崎の言説を見ると、以前にも増して公立学校制度の再構築という課題意識が鮮明になっているように思われる。すなわち、黒崎は、公教育の理念に対する今日の最大の危機は、富裕な階層あるいは有利な条件に恵まれた人々による社会からの自発的な被排除（自己分離）の問題であるととらえる。いいかえると、自らの隔離されたコミュニティのなかでの安全で快適な生活空間の維持にのみ関心を集中し、その外の空間において起こることについてもはや関心を持たなくなる人々の姿に現代社会の公共性にとっての最大の危機を見出すのであり、その最も有効な解決策は真に力のある公立学校制度の存在であるというのである。そうであるがゆえに、新しいタイプの公立学校の設置をめぐる動向も、公教育の規範・統制の範囲の再定義といった類の問題としてだけでなく、力のある公立学校をいかにして再生、再構築するかという問題として検討しなければならないというのである(14)。

このような課題意識は、先にふれた「公立学校改革の抱え込むジレンマ」との関連において黒崎が、藤田ら伝統的公立学校規範擁護者の見解を評して、親の意識が学校の序列化に囚われることを恐れ、専門職主義の独善から脱する途を断念するものであるとしたうえで、現実に存在する差異を問題にすることのできない公立学校論の伝統的枠組みはもはや有効性を失っているのではないかと問うところにも現われているし、また、品川区教育長の姿勢を評して、教育長が企図しているのは、ブラックボックスを開いて独善主義の余地を無くし、学校間の差異を事実として明らかにすることによって、固定している公立学校間の格差の風評を覆すことであり、学校序列を再編成することを目的とするのではなく、ひとつひとつの学校がコミュニティ・スクールとしての実質を深め、学校の教育力を高めることによって、どの学校も安心して子どもを託せる学校とするということを目的意識的に追求しようとするものであるとするところにも現われている(15)。教育の分野において現実にすすめられている改革的諸施策を前にして、能動的に教育行政を構想する場合には、「弱者」の立場をどのように守るのかという課題意識が重要であるのはいうまでもないが、少なくともそれと同じ程度に、「強い立場」にある者、あるいは「強い立場にある」と位置づけられている人々の意識をどのようにして公共に向けるのかという課題意識も重要であり、この意味で黒崎の課題意識の意義は正当に評価されるべきであろう(16)。

3

前稿では、黒崎と藤田との論争からうかがわれる理論的な問題として、「抑制と均衡の原理」に立つ学校選択の理念の主張のなかに国民教育権論・「私事の組織化」論への批判が随所にみられることに注目し、それを以下の四点にまとめておいた。

①　学校選択の理念は教育の民衆統制と専門的指導性との調和という教育行政研究の課題へのひとつの解答である。そこでは、一方では専門職主義や「すべての子どもに平等な教育を保障する」という観念が教育行政や学校の官僚化を招くこと、他方で学校活動への親の直接参加による統制が専門的自由を脅かすおそれがあるとともに教育活動の形式化をもたらしうること、この両方が意識されており、学校選択の理念には学校教育の活動に正統性を与えるという役割が期待されている。この背景には、宗像教育行政学への評価がある。すなわち、黒崎は、内的事項外的事項区分論では教育行政の活動には教育のあり方を積極的に構想する能動的な役割は与えられないとして、教育問題の解明のために効果的な教育行政の役割を見出すことが教育行政の課題となるとする。そして、「アンチ教育行政学」に進む前の宗像教育行政学のモチーフである「教育としての教育行政」と「教育する者と教育される者との統一」を自己の問題意識と重ねている。

②　教育は教育政策と教育行政だけによって決定できるものではなく、市場社会のメカニズムのなかで教育政策は変容されざるをえないから、教育政策と教育運動との安易な対抗図式を前提にすることはできない。黒崎によれば、市民社会に属する私事性と国家の形成に関わる公共性との関係は、私事性と共同性の対抗関係ではなく、また、いずれかが共同性を担当するかという二者択一の関係でもなく、ともに共同性を実現するふたつの契機なのである。

③　黒崎は、教育が社会的要請のもとにあり、教育が社会の課題の解決を内容とするものであることを

承認する。そして、個人の発達保障を教育固有の価値として主張し教育制度独自の理想を求める傾向を批判する。また、黒崎は、「教育を通じて形成すべき社会秩序と価値意識」の内実をめぐる争いは教育にとって無縁ではないが、教育のあり方にとってそのまま決定的な意味をもつものではないこと、個人の社会化の過程は学校が独自に支配できる過程ではなく、社会の全領域に及ぶ複合的な様相をもつことなどを指摘する。さらに黒崎は、人間理性の限界と知識の組織化の不可能性から設計主義的合理主義を批判するハイエクの社会理論に注目する。

④　黒崎は、国民教育権論の枠組みを法学の枠組みととらえ、これに対して教育行政＝制度論独自の方法が必要であるとする。教育の営みは教育法規の解釈によって十全に説明しきれるものではないから、教育法学は有用ではあるが、教育行政＝制度論のすべてに置き換わるものではない。教育活動について法解釈論理によってアプローチすることは教師の教育権を排他的に導き出す教育の自由の消極的規定という特定の論理とのみ調和する、という。また、これと関連して、学校参加を親の権利の具体化の問題として理論化する今橋盛勝の見解に対しても難点を指摘している。

前稿においては、以上の四点から「教育を受ける権利」をめぐって憲法学さらには教育法学にどのような示唆が得られるのか、検討を行った。しかし、前稿における検討は舌足らずなものであり、十分に意を尽くしたものではなかった。そこで、2においても扱ったことにもふれながら、若干の補足を行うことにする。

まず、品川区の学校選択制を積極的に評価する際に黒崎が、教育委員会のリーダーシップに大きな期待を寄せていることに注目しておこう。すなわち、黒崎は、2でふれた公立学校の再構築という課題に関連して、新しいタイプの公立学校を設置し、どのような実験的試行を認めるかを決定するリーダーシップが必要となるとする。そして、一定地域の公立学校のネットワークの全体を有効に機能させることに責任を負い、新しいタイプの公立学校という実験を、地域の公立学校全体の「底上げ」にフィードバックさせるためのリーダーシップを果たすことは、現行教育行政の体制においては教育委員会にのみ期待しうる役割であるとして、教育委員会の責務を強調するのである(17)。

ここに、内的事項外的事項区分論の限界を意識して、効果的な教育行政の役割を見出すことが教育行政の課題であるとする黒崎①の志向が反映されていることは明らかである。黒崎にとって品川区の学校選択制は、単なる公立学校改革の一事例ではなく、教育行政の能動的な役割に注目する自身の教育行政学そのものであるといってよいであろう。

次に、国民教育権論批判についてである。国民教育権論への批判は、とくに憲法学においては以前からなされているところである。ここでは、国民教育権論の意義を評価しながらもその見直しを主張する戸波江二の見解をとりあげ、これと先にまとめた黒崎による批判とを対比させながら考えてみることにする。戸波は国民教育権論の理論的前提について、以下のような指摘を行っている(18)。

(a) 国民教育権論は国家と社会、公と私とを二分する一九世紀的自由主義思想に立脚するものであるが、教育は国家から自由な私的領域にあるのではなく公共圏にあるものであるから、自由主義的国民教育権論のみを強調して教育を私的領域に属するものととらえることは、理論的にも実際にも妥当とはいえない。

(b) 子どもたちに教えられるべき特定の教育内容というものが存在し、そのなかでもとくに日本国憲法の基本価値が重要であるが、教育の自由を基本価値に優先させる国民教育権論は基本価値を否定する教育をも是認せざるを得ない点で、教育の場では不適切である。

(c) 教えられるべき教育内容としてはさらに教科に関する基本知識などと政治的・社会的・倫理的問題に関することがらとがある。その基本、いわゆる大綱的事項については統一的な教育内容のカタログの確定が不可欠であり、教師が教育内容を決定するのは、教育の実施方法や教材・参考資料の選択等の教育の実践レベルにとどまる。そして、ここでの教育内容については民主的な承認・決定が望ましく、法律をはじめ議会制の論理によって決定がなされることも、それが熟慮された民主的な議論と公正な手続に基づく限りで、否定されるべきではない。したがって、教育の内的事項についても法律で定めることができることを認め、学習指導要領という文部省の一方的決定ではなく、法律で定めるのが妥当である。

(d) 国民教育権論は、そこからさまざまな法原理ないしは法準則を導き出し、あるいは、合憲・違憲を確定する憲法上の基準となるものではなく、むしろ、国家の教育内容への干渉をストップさせる基本原理と理解すべきであり、国民教育権論が持ち出される場面も教育のすべての場面ではなく、対国家との関係が問題となった場面に限定すべきである。「教育の自由」も個人の人権としてではなく、国家の教育への干渉を排除する原理ないし制度としてとらえるべきである。

以上のような指摘とともに戸波は、国民教育権論の社会的変化をもたらした要因として、一九八〇年代以降学校内で学校・教師と生徒・親とが対立する新たな教育問題が発生したこと、現代の教育問題を考えるうえで「子どもの人権」論が重要になっていること、国民教育権論の背景にあった政治イデオロギーの対立という状況が変化し教育法の分野でも政府・文部省との対決という前提が変化してきていることをあげている。また、最後の点とも関連して、国民教育権論の見直しの方向の一つとして、子どもの最善の教育のために必要であれば国民教育権論の説く自由主義理論もその一部を修正することはありうるし、場合によっては権力とともに教育の改革を考えていくことも必要になると主張する(19)。

こうした認識のなかには、黒崎②が教育政策と教育運動との安易な対抗図式を戒めている点と共通するところがあるように思われる。また、黒崎③は個人の発達保障を教育固有の価値として主張し教育制度独自の理想を求める傾向を批判するが、戸波も「子どもの人権」論を重要であるとしつつも現代の教育問題を「子どもの人権」論のみから考えていくことは適当でないとしており、やはり一定共通する点があると考えられる(20)。

他方で、両者の間には相違もある。

そのひとつは、内的事項外的事項区分論への評価においてあらわれる。すなわち、両者はともに内的事項外的事項区分論を批判するが、戸波(c)におけるその批判は内的事項についても法律によって決定することができるという形で現われているのに対して、黒崎①においては区分論のもとでは教育行政に教育のあり方を積極的に構想する能動的な役割が与えられないという形で現われている。国家による教育内容の決定という問題は憲法学・教育法学が多大の関心を向けてきた論点である。筆者は戸波の主張に共感するところも多いが(21)、憲法の基本価値に反する教育を行う教師や学校への対処のあり方をなお検討するとともに、「品質保証国家」における国家の教育内容へのかかわりも視野に入れて検討する必要があると考える。しかし、ここでは、黒崎による批判をふまえて、外的事項における国家の役割と教育行政の役割について憲法学的にどのような立論が可能なのかが課題とされているということを指摘しておく。これは、「教育を受ける権利」の社会権的側面にかかわるものであり、その内容の検討の必要性は（教育における平等の検討の必要性とあわせて）かねてより指摘されているところであるが、学校選択、さらには「地方分権」の進行に伴って、より一層強まっている。

ふたつめは、教育活動と法解釈論である。黒崎④は、教育活動について法解釈論理によってアプローチすることの限界を指摘している。戸波は、先にみたように「子どもの人権」論の限界を意識しており、また、戸波ⓓは国民教育権論や「教育の自由」が持ち出されるべき場面を限定しているが、なお今橋の見解を「学校内での問題の核心を適切に理論化する」ものとして高く評価している(22)。黒崎は、教育という営みは、それを構成するさまざまなメンバーの多様な働きの有機的な結合からなっており、法の執行として行いうるものではなく、法解釈の論理によって教職員の教育活動の内容を積極的に規定することなどありえない、という。そこでは、父母の教育権・発言権を権利として具体的に明文化し、その実施を要求することが、教育の事実を法解釈の方法により全面的に規定し規律しようとすることにつながり、教育活動の形式化と官僚化につながることが危惧されている(23)。

教育活動について法解釈論理によりアプローチすることの限界については、規範論・法解釈論なしではすまされない法律学と、規範論・法解釈論とはそもそも地平の異なる教育学ないしは教育行政学という、学問分野の違いからみて、当然の指摘ということもできないわけではない。もっとも、教育法学にとっては、この「法解釈学の限界」という指摘を単に学問分野の違いであるといってすますことはできないであろう。たとえば、教育法学を支える論者であった堀尾輝久がその初期の論稿において、法解釈が教育の論理をふまえていないという点を問題視していたこと(24)や、日本教育法学会が「教育学界と法学界との相互協力を促進すること」をその目的の一つとしていること(25)を想起するとよい。憲法学を含めた法律学の側が教育に関してどこまで発言可能なのかという問題への対応は、内野正幸による試みや思想・良心の自由を正面にすえた西原博史の立論など(26)、すでに憲法学においてなされているところでもある。黒崎の見解によれば、これらの試みについても教育活動という面からの吟味が求められるかもしれない。もっとも、黒崎の指摘において重要なのは、その批判が憲法学において比較的好意的に受け止められていると思われる今橋の見解に及んでいることであろう。

なお、レベルの異なる問題であるが、憲法学においては四半世紀前に、日本国憲法二六条二項の定める「義務教育の無償」をめぐって奥平康弘と永井憲一との間に論争があり、それをきっかけとして解釈論と運動論、「厳格憲法解釈論」をめぐる議論がなされたことがある(27)。他方で、法解釈学だけではなく立法学・政策学も重視するという行政法の教科書(28)があらわれているように、とりわけ行政法学においては政策への関心が高まっている。これが教育法学に影響を与えるのか否かにも注目したい。

三番目の相違点として、現代社会において学校教育の内容が有する重みをどの程度のものとみるかという点がある。黒崎③は、学校教育における教育内容が個人の社会化にとって有する意義を相対化させる視点を提供するものである。これに対して、戸波(b)(c)は学校教育における教育内容が個人の社会化にとって大きな意義を有するという認識を前提とするものであろう。戸波のような認識はおそらく筆者も含めて多くの憲法学者・教育法学者が無意識のうちに共有してきたものであろう。黒崎による指摘は、学校教育だけではなく、各種試験、塾や予備校、家庭と親、そしてメディアなど、さまざまなアクターが教育と呼ばれる問題領域に関わっていることを意識させるものである。

第四の、そして、もっとも大きな相違は、学校選択と公共性のとらえ方の点にみられる。まず、戸波は、一九八〇年代以降の「教育をめぐる新たな理論的展開」を取り上げ、国民教育権論の課題を探るのであるが、この「理論的展開」のなかに学校選択の問題は列挙されていない。たしかに就学義務を消極的に解する見解や「学校教育によらない教育を受ける権利という観念」については言及され、それとの関連で「学校選択の自由」があげられているが、進行中の学校選択制導入という動きを念頭において理論的課題として学校選択を取り上げるというものではない(29)。もちろん、このことは筆者も含めて憲法学、教育法学において学校選択を十分に理論的にとらえきれていないということの反映というべきであろう。

国民教育権論を支えてきた内的事項外的事項区分論からすれば、学校選択は教育条件の整備すなわち外的事項になるかもしれないが、いうまでもなく、個々の子どもにとって学校選択は自らの教育内容にかかわるものである(30)。憲法学においては、公立学校選択をふくめた「学校選択の自由」を正面から憲法上の権利として位置付けるものとして、すでに阪本昌成の見解がある(31)。これについては、学校を選択するという行為には、学校から選択されるということが伴うのであり、この点と学校選択をまさに法解釈学において権利として構成することとの関係など、なお吟味が必要と思われる。教育と公共性については、憲法学において一九九三年に長谷部恭男が一定の見方を提示している。長谷部は、多元的自由主義に軸足をおきつつ、「私立学校選択の自由」と「学校の自律性」を鍵とすることによって多元的自由主義と共和主義との調整を試みた(32)。これは、黒崎のいう私事性と公共性の調整のひとつのあり方を示すものということになるが、そこでは公立学校における選択の問題は視野に入っていない。なお、戸波(b)(c)のような立場をとることは、理論的に直ちに学校選択の消極的評価につながるものではないであろう。教育内容について法律で決定することを許容することは、「品質保証国家」における国家の役割と矛盾するものではないだろう(33)。

次に、戸波(a)における公共圏のとらえ方はハーバーマスに依拠したものであり、この点は黒崎と明確に対立する。黒崎による公共性の理解は先の②にあらわれているとおりである。藤田との論争のなかで黒崎は、ハーバーマスのコミュニケーション論について合理性と官僚制に対する抵抗感覚以上のものではないという趣旨の評価をした藤原保信に依拠して、藤田のいう「公論」を批判していたところであるし、教育の公共性について検討するなかでは、市場と市民相互のコミュニケーションの次元の区別や合意形成といった点からハーバーマスに批判的に言及していた(34)。

また、黒崎は、自給自足的で孤立した個人を前提にする個人主義理解を批判し人間理性の限界と知識の組織化の不可能性から設計主義的合理主義を批判するハイエクの社会理論に注目する。その際、ハイエクの理論のなかに、教育の自律性を積極的に意義付ける可能性を見出している点が特徴的である。すなわち、一九六〇年代以降の能力主義・多様化政策による教育の類型化の強制としての教育の多様化への志向は、ハイエクから直接には導き出すことはできない。むしろハイエクからは、強制的な教育政策を後退させ、市場によって、より自由な選択と選抜の過程を保障するという展望が導き出せるという。さらに、ハイエクの社会理論には、公教育の縮小=解体などと把握される以上の重要な問題提起、人間理性を積極的に限界付けることによって近代合理性の内面的抑圧から人間の自由を回復させる自覚的志向が含まれていたのであり、現在の民営化政策にこうした積極的な理論的考察を見出すことはできないというのである(35)。

さらに、黒崎は、ハイエクとロールズ正義論の共通性に注目し、ロールズの正義論は自生的秩序としての市場に重要な価値を与えながら現実の資本主義経済の権力の集中を排除し、市場が自生的秩序であるために必要な規制として構想されたものであると理解することができるとしていた(36)。黒崎が、ハーバーマスなどとの対比を通して、ロールズ正義論が「個人の追求する善き生の構想の多元性の承認、公私の区別の認識と境界線の流動性の認識、合意の形成のより妥当な論拠の具体的提示において」際だった卓越性を示していると評していることも付け加えておこう(37)。

ハーバーマス、ハイエク、ロールズについての黒崎の理解がそれ自体として妥当か否かは、議論が必要であろう(38)。けれども、黒崎が学校選択を契機として種々の思想家に依拠しつつ公共性に関して提起してきた諸問題は、憲法学・法律学もまた直面しているものであることは明らかである。筆者にはこれら諸問題に答える用意も能力もないが、仮に国民教育権論に今後の展望があるとすれば、社会科学諸分野を通して論争となっているこれらの諸問題について議論する受け皿を設定することが必要であるということを指摘しておきたい。また、多くの論者が前提としている多様性・多元性とは具体的にはどのようなことを指しているのか、それが2でふれた「教育活動の多様性」の具体的な形とどう関連してくるのかを検討することも必要であろう(39)。最後に、憲法解釈学においてこれまで必ずしも十分になされてきたとはいえない「市場」というものへの考察が、今後は重要になるであろう。

4

本稿は、前稿を補足するだけのものにとどまり、前稿執筆以降に公表されている憲法学・教育法学の諸業績(40)について言及できないまま終わっている。これについては、黒崎教育行政学から多くの刺激を受けながら自ら設定した課題についての探求とともに、他日を期すことにする。

注

1 ジュリスト一二四四号(二〇〇三年)一一六頁以下。この小稿を含めて最近の教育法学における動向についての黒崎のコメントとして、藤田英典他編『教育学の最前線』教育学年報10(世織書房、二〇〇四年)に付せられた「はじめに」と題する序文参照。

2 もっとも、ここでいう「学校選択制」の内容は一律ではなく、市区町村内のすべての学校から保護者が希望する学校への就学を認める自由選択制を採用しているのは、小学校について三一団体であったという。内外教育二〇〇五年四月五日二頁以下。

3　黒崎勲『新しいタイプの公立学校　コミュニティ・スクール立案過程と選択による学校改革』(同時代社、二〇〇四年) 二一七頁。

4　黒崎勲『教育の政治経済学』(東京都立大学出版会、二〇〇〇年) 九八頁以下。これに対して、同書同頁では、神奈川県藤沢市における新しいタイプの公立学校の設立を目指す動きなど「日本版チャータースクール」の運動のモデルは「抑制と均衡の原理による学校選択の理念の一つの具体化である」とされていた。黒崎・前掲注(3)は、こちらの動きについても分析を行い、新しいタイプの公立学校の提唱はもともと学校選択の理念によっていたにもかかわらず、政策化されたコミュニティ・スクールが提唱者のオリジナルな発想においては必ずしも選択の理念を追求するものではなかったため、新しいタイプの公立学校の立案過程の不透明性が生じた、という仮説をたてている(二一六頁)。なお、黒崎勲「新しいタイプの公立学校制度立案過程の一考察」藤田他編前掲注(1)、九頁以下。

5　黒崎前掲注(3)、一三八～一四〇頁。

6　黒崎前掲注(3)、一四〇～一四一頁。

7　黒崎前掲注(3)、一四一～一四二頁。

8　黒崎前掲注(3)、一三五～一三八頁。

9　黒崎前掲注(3)、一三八頁。

10　黒崎前掲注(3)、一五四頁。

11　堀尾輝久・小島喜孝編『地域における新自由主義教育改革』(エイデル研究所、二〇〇四年)、とくに三一～八二頁。

12　山本由美「荒川区『教育改革』の現状と問題点　学校選択、『学力テスト』、教育特区」堀尾・小島編前掲注(11)、九一頁以下、一一一頁注(1)。

13　品川区の事例については、橋野晶寛「学校選択制における不確実性の考察」教育学研究七二巻一号(二〇〇五年)四一頁以下における分析もある。橋野は、入学以前の選択時に想定していた学校の教育活動やその結果の状態と入学後に実際に直面する状況との乖離を「学校選択制における不確実性」ととらえ、この不確実性を増大させる要因として、とくに公立学校制度からなる体系が学校選択制の文脈として存在すること、すなわち制度的要因に注目する。教育学研究七二巻一号(二〇〇五年)六四頁以下の「課題研究1　学校選択問題の理論・比較・実証」で紹介されている中田康彦他の報告「東京で進む『学校選択』・事例研究から」のなかでも、品川区が取りあげられている。内外教育二〇〇五年四月二二日一二頁以下によると、東京都区部についてのベネッセ未来教育センターによる保護者へのアンケート調査もあるという。

14　黒崎前掲注(3)、一五〇〜一五一頁。

15　黒崎前掲注(3)、一三五〜一三六頁。すでに、黒崎前掲注(4)、七九頁以下、一四六頁以下において、学校五日制などこれまでの教育行政主導のトップダウン型の教育改革の提唱が市民社会の現実を規制し改良する「理想」の追求という課題を公立学校にのみ課すことにより、それは公立学校にのみ課される重荷となり私立学校の相対的有利性を高めていること、質の高い公立学校制度の存在こそ戦後民主主義の精神を育成してきたといえること、公立学校の危機は公立学校の現実から内在的に生じており、学校選択の原理を排除する現行公立学校制度はむしろその逆に市場化促進の契機となっていること、「教育の市場化」意識に対する最大の歯止めは公立学校の「活性化」によって公立学校への信頼を高めることであること、などが指摘されていた。通学区制度を廃止して公立小中学校を親が選択するという仕組みを提唱した堤清二・橋爪大三郎編『選択・責任・連帯の教育改革［完全版］学校の機能回復をめざして』（勁草書房、一九九九年）には、大澤正幸・堤清二・橋爪大三郎「鼎談　知らない人とでも社会が作れるための教育を」が収録されている（二三九頁以下）。そこでは、アメリカをモデルにして親による学校選択さらにはボランティアの形による親の学校教育への参加を通じてのコミュニティー作りが構想されており、近代的思考から学校を解放することの必要性が指摘されながらも、改革に近代の完成（さらには戦後民主主義の完成）という意義付けが与えられていた。

16　全く文脈は異なるが、チェスター・E・フィン・Jr他著、高野良一監訳『チャータースクールの胎動　新しい公教育を目指して』（青木書店、二〇〇一年）の末尾（四〇九頁以下）に付せられた高野良一「チャータースクールの思想・制度・実態：本書の解説を兼ねて」（四一六頁）においては、チャータースクールに関わる個人の多くはむしろ弱い普通の市民ではないかということ、弱者も強者もともに「弱さと強さ」をあわせもつことが指摘されている。

17　黒崎前掲注（3）、一五〇〜一五二頁。

18　戸波江二「国民教育権論の展開」日本教育法学会編『講座現代教育法1　教育法学の展開と二一世紀の展望』（三省堂、二〇〇一年）一〇七頁以下、一一三〜一一七頁。

19　戸波前掲注（18）、一一七〜一二二頁。

20　戸波前掲注（18）、一二五頁注（27）。

21　その他に、内野正幸「教育権から教育を受ける権利へ」ジュリスト一二二二号（二〇〇二年）一〇二頁以下。

22　戸波前掲注（18）、一一八頁。

23　黒崎勲『教育行政学』（岩波書店、一九九九年）一〇四頁以下。

24　堀尾輝久『現代教育の思想と構造』（岩波書店、一九七一年［初出：一九六六年］）二八六頁。教育の民衆統制と専門的指導性との調和に関して黒崎を批判するものとして、勝野正章「教師の教育権理論の課題」日本教育法学会編『講座教育法2　子ども・学校と教育法』（三省堂、二〇〇一年）一三一頁以下があるが、そこにおいても法解釈学の位置付けないしはそれとの距離に不明確さがあるように思われる。

25　日本教育法学会年報第三四号『教育における公共性の再構築』（有斐閣、二〇〇五年）一九二頁以下に収められた日本教育法学会会則第三条による。

26　内野正幸『教育の権利と自由』（有斐閣、一九九四年）、西原博史『良心の自由［増補版］』（成文堂、一九九九年）。

27　これについては、市川正人「憲法解釈学の役割・再考――『厳格憲法解釈』の意義と限界」ジュリスト八八四号（一九八七年）三〇頁以下。

28　大橋洋一『行政法　現代行政過程論［第二版］』（有斐閣、二〇〇五年）一七頁。

29　戸波前掲注(18)、一二八～一二九頁。

30　障害児の学校選択権という主張はまさにこのことを強調するものであった。中学校特殊学級への入級処分について争われた札幌地裁一九九三年一〇月二六日判決（判例時報一四九〇号四九頁）および札幌高裁一九九四年五月二四日判決（判例時報一五一九号六七頁）は、学級選択の主張を教育条件整備の問題として扱った。

31　阪本昌成『憲法理論Ⅲ』（成文堂、一九九五年）三四六頁以下。そこでは国家の役割が品質保証にあることも指摘されている。また、同『憲法理論Ⅱ』（成文堂、一九九三年）六七頁以下においては、ハイエクらを参照しつつ、人間が倫理的存在ではないことを前提として「自由」の意義が考察されている。

32　長谷部恭男「私事としての教育と教育の公共性」ジュリスト一〇二二号（一九九三年）七六頁以下。

33　前掲注（13）の「課題研究1　学校選択問題の理論・比較・実証」七二頁において、久冨善之は、市場原理の規制緩和派は実は結果評価の基準設定において国家規準を求めているという。世取山洋介「アメリカ自由主義教育改革における教育内容基準運動と『サンクション』としての学校選択」堀尾・小島編前掲注（11）、一九九頁以下は、アメリカにおける教育改革の動向を素材にして、教育財政支出のあり方の変化に由来する国家パワーの強大化（資金提供者の意図する特定の教育の内容を資金受領者が実現することをめざす）を指摘している。

34　黒崎勲「選択と共生／藤田英典『教育改革』に対する感想」藤田英典他編『ジェンダーと教育』教育学年報7（世織書房、一九九九年）三六七頁以下、三七〇頁、同「学校選択の理念と教育の公共性」藤田英典他編『大学改革』教育学年報9（世織書房、二〇〇二年）四五七頁以下、四六三頁以下。

35　黒崎前掲注（4）、一八頁以下、三一頁以下、一〇〇頁。

36　すなわち、ハイエクは自生的秩序として市場をみるが、現実の資本主義経済市場における力の集中を容認し、独占をも擁護するのであって、現実の市場を自生的秩序として機能させるためにこれをいかに管理し規制するかという課題の追求に進まない。この課題を引き継ぐのがロールズであり、「カントの先験論哲学をヒュームの経験論の枠組みのなかに位置付けなおすことを試みるという理論構成において」、両者には共通性があるというのである。黒崎前掲注（4）、五六頁以下。

37　黒崎・前掲注（34）「学校選択の理念と教育の公共性」四六五頁、四八五頁。

38　小玉重夫『教育改革と公共性』（東京大学出版会、一九九九年）は、アメリカにおいて一九七〇年代に再生産理論という形で一九六〇年代のリベラリズムに基づく教育改革を批判したボールズとギンタスが一九九〇年代に学校選択の政治経済学として学校選択論を展開したことに注目し、彼等の議論がロールズ正義論との間で対照をなすとともに一九五〇年代に統合教育を批判していたハンナ・アレントの思想的モチーフを継承するものであることを指摘し、さらにここから教育における公共性の内実を社会問題の解決という点に見出すリベラリズムの発想を転換させる「公共性の再編」の方向性が指し示されるとする。黒崎の理解はボールズとギンタスの学校選択論を「抑制と均衡の原理」に立つとするのであり、これとロールズ正義論との関係のとらえ方の点もふくめて小玉の理解とは異なることになる。黒崎前掲注(34)「学校選択の理念と教育の公共性」四九一頁以下。

39　卓越主義的リベラリズムの立場から学校選択に伴う諸問題を考察する宮寺晃夫『リベラリズムの教育哲学』(勁草書房、二〇〇〇年)二九七頁以下は、今日問われなければならないのは「政治の不当な教育支配」ということよりも、もはや政治の一元的な支配に収束していかない社会それ自体の多元性であるという。社会の多元性が教育の営まれ方に対してこれまで教育学が追求してきた「普遍的課題」をもってしては対応できなくさせているのであり、現代教育はこの多様性から出発していく他はなく、多様性をそのなかにおさめる枠組みの構築を求め続けるという。

40　たとえば、足立英郎「学校選択制・学校多様化の憲法学的検討」日本教育法学会年報第三二号(有斐閣、二〇〇三年)一三六頁以下、竹内俊子「教育制度と民主主義」全国憲法研究会編『憲法問題一五』(三省堂、二〇〇四年)八七頁以下など。

(二〇〇五年十一月脱稿)

Ⅳ

着想と方法と

着想と
方法と

8 ＋ 田原宏人

教育の制度的条件としての「信頼」

——黒崎勲版学校選択論の一つの読み方

はじめに

本稿は教育の制度的条件の一つである「信頼」に注意を喚起することをめざす。そのために、「信頼」が位置づけられる制度論的文脈として学校選択をめぐる諸議論に着目し、これを本稿の検討対象とする。学校選択がいわゆる教育改革の焦点の一つとなっていること、賛否両論が存在すること、賛成派のなかに無視できないスタンスのちがいが存在すること、これらについては周知のとおりである。こうした議論のスペクトルのうちから本稿は黒崎勲の所説を素材として取り扱う。これまた周知のように、理論家として黒崎は精力的に市場原理主義とは対極の立場から学校選択を支持している。だが、選択は「触媒」にすぎないとも言う。触媒それ自体は化学反応の前後で（見かけ上）変化しない。にもかかわらず、化学反応に必要な活性化エネルギーを低下させることによって反応を劇的に促進し、伝統的な公立学校制度を一変させ、「新しいタイプの公立学校」を登場させる。選択＝触媒論の含意はこのように理解されうるだろう。

してみれば、究明されるべき問題は活性化エネルギー低下のメカニズム、言い換えるなら、何であれ正義の実現に役立つある一定方向への意思決定を促す特定の条件である。

「信頼」がそれにかかわっているというのが本稿の見立てである。もっとも、黒崎は「信頼」について明示的には語っていない。そこでまず、彼の議論の枠組みのなかから「信頼」を析出する作業から始めなければならない。作業に入る前に、黒崎理論における学校選択論の位置について確認しておこう。学校選択は昨今の教育改革論議における中心テーマの一つであるにもかかわらず、教育研究の立場からそれにかんして本格的な理論的解明を試みた論考は意外に少ない。そのなかで、黒崎の発言は教育行政制度論としてのその体系性とアプローチの方法において異彩を放っている。本稿はこの黒崎の学校選択論を検討に付すわけだが、それはそれがたんにユニークだから、あるいは実践的であろうとすれば眼前の学校選択問題を回避することができないからというだけではない。以下の三つの理由により、彼の議論は広く――学校選択論を固有の研究対象としていない研究者の間でさえ――検討されるに値すると考えるからである。

第一の理由は教育行政制度論の方法にかんする理論的反省にかかわる。先の大戦後わが国における主導的な教育理論は国民の教育権論であり、とりわけその教育行政制度論的側面における方法的基礎は内的事項外的事項区分論として知られる。教育行政は教育の営みに介入してはならないという禁止命令がその核心を成す。これを前提とするかぎり、教育行政制度研究の対象は「教育に立ち入らない教育行政」となり、教育行政制度研究者にとって固有の仕事は論理的には存在しえず、であればこそ、一九七〇年代から八〇年代にかけて教育行政制度研究が実質的には教育法研究の別名であったのも故なしとしない。それにたいして、黒崎は、「教育と教育行政とは相互にそのあり方について照応が求められるべき」という五十嵐顕の見地を継承し、「教育行政の活動」に「教育の新たなあり方を積極的に構想する能動的な役割」を与えようとする（黒崎、一九九九：一〇八、一〇九）。かくして、「制度としての教育問題を対象化し、制度の運営と改革を通して教育の営みに関わろうとするのが教育行政学の存在理由」（黒崎、二〇〇〇：一四九）となる。黒崎の学校選択論はまさしくこの方法的仮説の有効性が試されている現場であると言うことができる。しかも、彼の論脈においては、学校選択は数あるテーマのうちの一つというよりもはるかに重く位置づけられている。このことは第二、第三の理由と関連する。

第二の理由は教育行政制度論の根本問題にかかわる。根本問題とは教育の正統性と自律性、言い換えれば、民衆統制の原理と専門的指導性の原理との関係をどのようにとらえるか、とりわけ、これら二つの原理を制度としてどのように具体的に構想するか、という問題である。民衆の教育要求と教師集団の統一的な教育活動の中身がつねに一致するということを前提として仮定しないとするならば、親や住民や生徒の意向を優先すればするほど、教師の自由の余地は狭まり、逆に、教師に自由を保障すればするほど、民衆統制の実質は薄まり、ここにジレンマが生じる。

しかしながら、黒崎によれば、「学校選択制度が実現する教職員と親との関係は、教職員の専門家としての自由の承認と親による正統化の要請とを両立させる」（黒崎、一九九九：一八五）。彼の構想する学校選択制を模式的に示せば、サイクルの一端に「創造的で革新的な教職員の実験的な試み」（自律性が確保される局面）、もう一端に親および生徒による選択（正統性が賦与される局面）が置かれ、このサイクルがいわば螺旋的に巡りながら教育の質が向上していくようなイメージが描かれようか。長らく研究者の頭を悩ませてきた難問（自律性と正統性のパラドクス）は学校選択制を待って初めて現実的な制度構想上の解を得たことになる。

第三の理由。黒崎によれば、学校選択制は the one best system（「すべての子どもに対して、専門家の手によって、ひとしく、最善の教育を行う」という「公立学校の規範」（同：一七五））に取って代わるオルタナティヴを創出するための装置として位置づけられている。公立学校制度が普及して以来今日に至るまで通用してきた規範がそれであり、現行公立学校制度の各種の弊害がこの規範の「必然的な帰結」であるという診断がもし正しければ、それらの弊害に対処する手段を問題にするのは当然の成り行きであろう。これは、少なくとも教育行政制度研究にとっては、かつてぶつかったことのない質の問題である。手垢にまみれた表現を用いるなら、パラダイム転換が迫られているのであり、それを演出することが学校選択制に期待されているのである。

1　黒崎の議論の構図（その一）

さて、黒崎の議論の最大のポイントが学校選択が根拠とする二つの異なる原理の区別、すなわち、市場原理と抑制と均衡の原理との区別にあるということに異論はないだろう。多少の無理は承知のうえで整理すれば、この区別は表一に見られるような一連の区別と対応しているように思われる。

	単純な市場原理	抑制と均衡の原理
プラン	教育バウチャー制度	公立学校選択制度
メカニズム	競争	抑制と均衡
市場の特質	自由な市場	規制された市場
システム	資本主義	市場経済
行為の特質	精緻な・人工的な交換	透明な交換

表1　二つの異なる原理の対応表

このうち下二段、「システム」と「行為の特質」におけるそれぞれの区別は、F・ブローデルの歴史研究から得られたものである。ブローデルが見出した「資本主義」と「市場経済」との区別は、黒崎における学校選択の二つの原理の区別と重なり、前者は背景理論として後者を支えている。そのことに間違いはないのだが、その重なり方には注意を要する。以下、黒崎によるブローデルの知見の援用の仕方を手がかりにしながら、そのあたりのことを問題にしたい。

まず、第一に、黒崎は自らの議論にとってのブローデルの知見の有用性を利用し尽くしていない。それは「規制された市場」にかかわる。少なくとも、わたしが目にしたかぎりの論考においては、「規制された市場」が論じられるにさいして、明示的にブローデルの所論が参照されている箇所はない。もちろん、「透明な交換」がおこなわれる市場が「規制された市場」であったということは、黒崎自身にとって既知であろうが、不案内な読者向けの論述のなかでそのことを明示していないのは解せない。なぜなら、「自然な」あるいは「透明な」と形容される交換は、一見すると、介在するものが何もないような印象を与えかねないからである。「透明な交換」がおこなわれる場、すなわち「パブリック・マーケット」は「都市の当局者の監視下」にある「規制された」市場であった（ブローデル、一九九五：五〇）。そして、この規制の目的は、「公正」な「競争」を維持し、「消費者の利益を保全する」ことにあった（ブローデル、一九八六、一九八八：一五三、二八二）。W・J・ライトによれば、「私的で隠された」交換から区別される「公共的で透明な」交換がはたらく市場は次のように描かれる。

町のもしくは君主の役人たちによって規制され、これらの町における市場は、すべての人々によって理解され、また売り手と買い手、農民と職人や商人を保護するような明確で厳密な規則と基準を有していた。市場役人が規制を執行した。この市場交換の世界には競争が存在した。そうでなかったと考えるとすれば、それは間違いである。売り手と買い手は価格をめぐって丁々発止やりあい、職人たちは一番よい製品を生産しようと競い合った。しかし、そこには限界が存在していた。たとえば、穀物は市場価格で売られた。このことが意味しているのは、季節により、またさまざまな条件に応じて、価格が変動したということである。しかしながら、穀物需要の多寡にかかわらず、値を付けられる価格には上限があった。親方たちは、徒弟や一人前の職人たちと一緒に、一番よいものを生産し、自らの製品に最高の価格を付けようと競い合った。しかし、職人ギルドが、製品の質、とりわけ低い品質にかんして一定の限界を画す独自の規則を設けていた。ブローデルは市場町におけるこの種の活動に〝タイプA〟というラベルを貼った（Wright, 1997 : 3-4）。

「透明な交換」と「規制された市場」との関係がこのようなものであったとするならば、このことは黒崎の論拠をいっそう固めるのに役立つことになる。

2　黒崎の議論の構図（その二）

ところが、黒崎の用語法とブローデルのそれとはぴったり寄り添っているかといえば、一見すると必ずしもそうとは見えない面、少なくとも理解に労力を要する面もまた存在する。

黒崎がしばしば「単純な」という形容詞を付す「市場原理」による学校選択を駆動するメカニズムは「競争」であると想定されている。「規制された市場」と対比的に位置づけられているからには、素直に受けとれば、それは「規制されない」＝「自由放任」という性質を帯びていることになろう。

しかしながら、「資本主義」の系に属するはずのこの「市場」は、実は黒崎も言及しているように、ブローデルが「反市場」と呼んでいるものであり、そこは「市場経済の原則である競争がほとんどはたらかない（ブローデル、一九九五：八一）、投機と「絶えざる賭け」（同：七四）の領域である。したがって、ブローデルの用語法に忠実であろうとするならば、ここにおけるメカニズムは「競争」ではなく投機や「絶えざる賭け」でなければならないということになろう。たとえば、S・J・ボールの次の指摘はこの側面がどのように現れるのかを示唆する「不透明な交換」の一例である。

中流階層は、はっきりと目に見えるかたちで、あるいは別のかたちで、かなりの有利さを携えて、「身分に相応しい夢を生きようと少なくとも試みるための資源」を携えて教育市場に足を踏み入れるが……社会的再生産の円滑で平穏無事なプロセスの保証も確実性も存在しない。中流階層の親たちは、すべての親たちと同じように、ただベストを尽くすことができるだけだ（Ball, 2003 : 149）。

市場経済は「統制と競争を伴うのにたいし、資本主義は統制と競争をともども排除しようとする」（ウォーラステイン、二〇〇三：一五五）というこのブローデル流の二分法の枠組みのなかにはいわゆる「単純な市場原理」が入り込む余地はない。では、「単純な市場原理」はどこに行ってしまうのかといえば、そんなものはもともと実在しないのである。ブローデルによれば、「自動調節機能を持つ市場」という概念は、

定義に対する神学的嗜好にもとづいている。「ただ需要、供給コストと価格のみが存在し、それらは相互間の調和から生じ」、すべての「外部的要因」の介在しないようなこの市場は頭で考え出された代物である（ブローデル、一九八六：二八〇）。

これを、一九世紀の限界革命以降のいわゆるエコノミクスにたいする批判として読むことも可能かもしれない。黒崎が「単純な市場原理」「ナイーブな改革提言」と言うときの「単純」「ナイーブ」という語が

	単純な市場原理	左の実態・資本主義	抑制と均衡の原理
プラン	教育バウチャー制度	教育バウチャー制度	公立学校選択制度
メカニズム	完全競争	絶えざる賭け	公正な競争
市場の特質	自動調整(神学的)	自由・その実・反市場	規制された市場
システム	エコノミクス	資本主義	市場経済
行為の特質	合理的選択	精緻な・人工的な交換	透明な交換

表2　二つの原理プラス1の対応表

こうした事情を指示していると解するならば、その用語法はブローデルの用語法との一貫性を保っているとみなすことができよう。以上の議論を踏まえるなら、先の二列の表は一列を加えられて、表2のように書き換えられなければならない（ここでも多少の無理は承知のうえで）。

黒崎の議論を検討するにさいして重要なのは、まずは学校選択の原理にかんする区別と交換のタイプにかんする区別をそれぞれ把握することはもとより、二つの区別の重なり具合を正確に理解することであろう。私見では、黒崎によるブローデル歴史学「発見」の意義は、たんに彼の議論に背景的な厚みを与えたことにあるのではなく、その議論を二元構造から三元構造へと（抑制と均衡の原理の対立項は実質的には二組である）変貌させたことにある。もっとも厳密を期すならば、抑制と均衡の原理の実態を加えて四列の表を作成すべきところであろうが、黒崎にあってはその実態は原理の純正な発現であると、あるいは実態から析出されたものが原理であるとみなされているようだ。

ブローデルの歴史記述は社会的時空間の変動の観察記録である。その変動のスパンは数十年から数百年、一小村から地球規模にまで広がっており、したがって、そこから得られた知見をそのままのかたちで今ここの教育をめぐる現実の分析や政策の立案に流用するようなことはできないし、すべきでもないということについては断るまでもなかろう。当然のことながら、黒崎による学校選択の具体的構想はブローデルの歴史学とは独立に着想されている。しかし、にもかかわらず、そこには前述の枠組みが基本的には保持されているはずである。この独自性と一貫性という視点を念頭に置きつつ、以下、学校選択論の検討、とりわけ「透明性」をめぐる諸論点の検討に移る。

3 「透明」とはどういうことか

交換が「透明」だというときの「透明」とは、「各人が、共通の経験に教えられて、前もって交換の過程がどのように展開するかを知ることができる」、すなわち、「その出発点、条件、道筋、到達点が明白に知られ」ているという事態を指す（ブローデル、一九八八：二一〇）。透明な交換のこの特質を確定性と呼ぶことにしよう。さらに、この交換は商品と貨幣が交換され取り引きが成立した時点で完了する。これを即時性と呼ぶことにしよう。

それにたいして、黒崎の学校選択論が想定する交換において、たとえば、入学の時点では将来の教育の成果はまだいくつもの可能性を擁しながら時間の彼方に待機している。それは不確定であり、その限りにおいて不透明である。他方、ナイーブな市場原理信奉にもとづいて実施されている学校選択制のもとで不確定性が支配的となっているという指摘については先にボールからの引用に見たとおりである。しかし、教育のプロセスと結果がいずれにしても不透明であるという、このこと自体は別に驚くに当たらない。なぜなら、教育はもともと「確率論的な限界」（広田、二〇〇三：九―一二）を有している、あるいはつねに別様でもありうるからであり、であるからには、問題はむしろこうした不確定性にたいする態度にあるとみなすべきである。先のボールからの引用中に出てきた「ただベストを尽くすことができるだけ」という思いは、不確定性にたいする態度としては、根拠なしの希望もしくは制御不能な運命への諦念をあらわしていると言えようか。ともあれ、教育場裏における交換はブローデルの意味における「透明な」交換ではないということ、確定的でもなければ即時的でもないということを確認しておく。この限りでは、黒崎によるブローデルの援用は、控えめに言っていささかミスリーディング、仕様（プログラムの優れた動作を実現するために一貫性が故意に無視されたもの）というよりはむしろバグ（プログラムの動作不良の原因となるもの）とみなされよう(1)。では「透明」の隠喩にまつわるこのバグは学校選択プログラムにとって致命的なのか。

従来、学校制度は、「技術的環境は弱いコードでできあがっており、反面制度的環境は強いコードで構成」されており、教師の活動の「曖昧さ」を国家的「枠づけの強固さ」が補完している、と指摘されてきた（古賀、二〇〇一：二二九―二三二）。しかしながら、両コードの相対的な強弱への意識がシフトするにつれて、一般に、教育の各当事者間には「すくみ」の状況が生まれ強まる。自分の出方は相手次第であり、相手もまた同様。T・パーソンズによってダブル・コンティンジェンシーと名づけられた事態である。これにたいしてパーソンズが与えた解は当事者間に一定の価値コンセンサス（規範の共有）を求めるというものだが(2)、論点先取の虚偽に陥っているのではないかという疑念を拭いがたい。

N・ルーマンによれば、「ダブル・コンティンジェンシー公理のなかに前提されその基盤になっているのは、互いに相手にとって透明ではなく、また相手にとって計算しがたい、意味を使用する高度に複合的なシステムである」(ルーマン、一九九三：一六八)。それゆえ「透明さを取り戻すことが肝要」(同：一七二)となる。かくして、ダブル・コンティンジェンシー下におけるコミュニケーションとしての教育の成否の鍵を「透明さ」が握っているということになる。さらに、ルーマンは「ダブル・コンティンジェンシーのもっとも重要な帰結の一つ」として「信頼」に言及する(同：一九八)。「信頼」は「信頼なしには不可能にして魅力なしと思われるにとどまったであろう行為の可能性を、従って信頼がなかったら現実にはならなかったであろう行為の可能性を開示する」(ルーマン、一九九〇：四二)。

とするならば、それなしには現実にならなかったであろう「独創的で、革新的な実験」の可能性を学校選択が開く(黒崎、一九九九、二〇〇〇：一七六、一二四)という主張にしろ、導入されるべきは「透明な」交換であるという主張にしろ、上に描いた枠組みのなかにひょっとしたらうまく収まり、そうすることにより黒崎の理論の性能はむしろ高まるかもしれない。この予測の当否は検証に値するということを確認してひとまず黒崎の議論の検討を終えることにする。

4 「信頼」という資源

橋野晶寛は、学校選択制において「選択する側の家庭にとって、入学以前の選択時に想定していた学校の教育活動やその結果の状態と入学後に実際に直面する状況が乖離する状態、あるいはその程度」（橋野、二〇〇五：四二）として「不確実性」を定義したうえで、「選択者の収集した情報自体の安定性が制度的要因によって損なわれる」（同：四七）、すなわち「不確実性」が増大するということを明らかにしている。本稿の趣旨からみれば、このことは教育交換が不透明であるということの現れの一つということになる。そして、教育交換のこの不透明性は、J・S・コールマンが指摘するより一般的な事態の一つの現象形態とみなすことができる。

社会的行為を構成する取引が古典的完全市場モデルの取引と異なる側面の一つは、時間の果たす役割にある。……行為者は譲渡をしてからしばらく経ってからでなければ、自分の期待が当たっているかどうかはわからない。……／引き渡しの時間的非対称性は、見返りを受ける前に資源を投下しなければならないので、当事者（たち）の一方的行為や取引に対してリスクをもたらす。……非経済的取引においてはとくに、資源の価値が正確に計算されず、金銭への換算基準がはっきりしないので、執行可能な契約は容易に使用しえず、他の社会的解決法が必要となる。通常の解決法は、その行為に従事するか否かの決定のなかにリスクを要因として取り込むことである（コールマン、二〇〇四：一四七―一四八）。

学校選択はそれに特有の「不確実性」をもたらすけれども、そもそも学校教育に不確定性はつきものである。言い換えれば、リスクを回避あるいは軽減する（確実性を高める）ということと「リスクを取り込む」ということを区別する、これが本稿のスタンスであり、そうした不確定性にたいするもう一つの態度の可能性を「信頼」に見出すというのが前節までの黒崎版学校選択論読解から得られた着想である。

とはいえ、選択と「信頼」とのあいだにはいかなる関係が成立しうるのか、仮にそのような関係が成立するとした場合、果たしていかなる「教育」が理論上仮設されることになるのか、あるいは、そのような「教育」はいかに記述されることになるのか等々、課題は山積している。

しかしながら、彼我の文脈の違いは無視できないにしろ、いくつかの手がかりはある。学校選択制のパイオニアにして著名な実践家D・マイヤー（Meier, 2002）は、日常的な経験のレベルから理論的反省のレベルに至るまでの教訓を一貫して信頼をキーワードとして語っている。彼女によれば、自らの提案は、公教育の別の姿の可能性を示しているだけではなく、費用効果が高く、代償も我慢できるものですらあるとされる。また、A・ブリクとB・シュナイダー（Bryk & Schneider, 2002）は、コールマンの社会関係資本論（コールマン・J、二〇〇五参照）から示唆を受けながら独自に「関係的信頼（relational trust）」概念を編み出し、これを分析用具として事例研究を試みている。彼と彼女によればこの「関係的信頼」こそが改革の「中核的資源」であるとされる。

関連してA・ハーシュマンの議論（Hirschmann, 1985 : 16-19）にもふれておく。彼は、生産へのインプットを次の三種類のファクターに区別する。第一は使えば減る「稀少な資源」。第二は能力やスキル。これは使えば使うほどその活用可能性が高まる。そして第三は道徳性とか市民精神とか信頼といったいわば

「道徳的資源」――ハーシュマンはこれを「愛」で代表させている――である。「愛」が稀少資源でないということは一応首肯できる。では「愛」に増減はないのだろうか。

彼は、「社会が機能するために、『愛』にできるだけ負担をかけないような動機づけの制度的な環境・パターンを創り出すべし」という主張と、「ある社会システム――たとえば資本主義――は道徳性や公共精神なしでもやっていけるのだと皆を納得させてしまったら、そのシステムは自らの生存可能性を掘り崩すことになるだろう」という主張を引き合いに出し、それぞれが要所を衝いていると認める。つまり「愛」は不可欠だが頼りすぎてもいけない。

愛、慈善、市民精神は、固定した供給量をもつ稀少なファクターでもなければ、実行にともなって改良され無限に伸び縮みするスキルや能力のように働くわけでもない。そうではなく、むしろそれらは、複雑・複合的なふるまいをあらわしている。それらは、支配的な経済体制によって適切に実行され訴えられないときには萎縮し、かといって過度に説教され頼りにされるときには自らを稀少資源にしてしまうだろう。／さらにまずいことには、この二つの危険ゾーンの精確な位置取り……はわからないし、またこれらのゾーンが安定しているわけでもない（Hirschmann, 1985 : 18）。

ハーシュマンが「愛」の、本稿の趣旨に即せば「信頼」の発現とその機能の問題を社会制度の仕組みの問題と結びつけているところを見逃してはなるまい。この観点から眺めるならば、「信頼」はいわば教育実践と制度構想との接点に位置しているとみることができるかもしれない。
以上、教育の制度的条件の一つとしての「信頼」に注意を喚起したい所以である。

注

1 『ハッカーズ大辞典』（レイモンド編、二〇〇二）の "feature" および "bug" の項を参照。

2 「相互行為の安定性は、両者の側の個々の評価活動が共通の基準に指向している、という条件にかかっている。そうした基準によってはじめて、コミュニケーションあるいは動機づけの文脈における『秩序』が可能になるからである」（パーソンズ、一九七四：四三）。

文献

Ball, Stephen J., 2003, *Class Strategies and the Education Market : The Middle Classes and Social Advantage*, Routledge Falmer.

Bryk, Anthony S. & Barbara Schneider, 2002, *Trust in Schools : A Core Resource for Improvement*, Russel Sage Foundation.

Hirschmann, Albert,1985, "Against parsiminy : three easy ways of complicating some cate-gories of economic discourse," *Economics and Philosophy*, 1(1) : 7-21.

Meier, Deborah, 2002, *In Schools We Trust : Creating Communities of Learning in an Era of Testing and Standardization*, Beacon Press.

Wright, William J., 1997, "Econoic Patterns," http : //www.utc.edu/Faculty/BillWright/ecpats.pdf (online document).

ウォーラステイン・I、二〇〇三「ブローデルの資本主義」I・ウォーラステインほか編『入門・ブローデル』尾河直哉訳、藤原書店、一四七―七四。

黒崎勲、一九九九『教育行政学』岩波書店。

――――、二〇〇〇『教育の政治経済学――市場原理と教育改革――』東京都立大学出版会。

コールマン・J・S、二〇〇四『社会理論の基礎（上）』久慈利武監訳、青木書店。

――――、二〇〇五「人的資本形成に関わる社会的資本」A・H・ハルゼー、H・ローダー、P・ブラウン、A・S・ウェルズ編『教育社会学――第三のソリューション――』住田正樹・秋永雄一・吉本圭一編訳、九州大学出版会、九一―一二〇。

古賀正義、二〇〇一『〈教えること〉のエスノグラフィー――「教育困難校」の構築過程――』金子書房。

橋野晶寛、二〇〇五「学校選択における不確実性の考察」『教育学研究』七二(1)：四一―五一。

パーソンズ・T、一九七四『社会体系論』青木書店。佐藤勉訳。

広田照幸、二〇〇三『教育には何ができないか――教育神話の解体と再生の試み――』春秋社。

ブローデル・F、一九八六『物質文明・経済・資本主義一五―一八世紀（Ⅱ―一）』山本淳一訳、みすず書房。

――――、一九八八『物質文明・経済・資本主義一五―一八世紀（Ⅱ―二）』山本淳一訳、みすず書房。

――――、一九九五『歴史入門』金塚貞文訳、太田出版。

ルーマン・N、一九九〇『信頼――社会的な複雑性の縮減メカニズム――』大庭健・正村俊之訳、勁草書房。

――――、一九九三『社会システム理論（上）』佐藤勉監訳、恒星社厚生閣。

レイモンド・E編、二〇〇二『ハッカーズ大辞典改訂新版』福崎俊博訳、アスキー。

9 ＋ 黒崎勲教育行政＝制度論の意義

大田直子

1　黒崎氏による宗像教育行政学批判

黒崎氏は一九七四年『宗像誠也教育学著作集』第三巻（青木書店）の解説において、宗像教育行政学の真髄は、すでに支配的になりつつあった「国民の教育権」論と内外区分論にあるのではなく、教育行財政の社会学的考察と、教育委員会論にあることを指摘している。氏によれば、戦後教育改革の中で、民主主義社会を形成するという希望に満ちた宗像氏が「国家と民族の再建の主体の形成という課題」を自覚し、米国教育使節団が勧告した教育委員会制度の理念に夢を託したのである。「教育委員会の意義を論じて宗像がつきつめた点は、戦後教育改革の民主主義的性格を規定する、教育するものと教育されるものとの究極における同一性とそこから導き出される課題を具体化する方法の究明にあったといえよう」（「解説」三〇四頁)。このときの宗像氏は「教育にとって最も重要なものは教育内容と教育方法にほかならぬ、しかしカリキュラム研究は広い教育行財政的背景・基底に問題を投げかけざるをえない、そうでなければカリキュラム計画が現実には生かされてこない」ということを深く認識していたのであり、この認識はその後に展開される内外区分論とは一線を画すものであった。なぜならば、教育と教育行政を峻別し、教育行政は条件整備だけを行うとする「国民の教育権」論とは異なり、教育委員会制度は、積極的にその地域の人々の教育要求を、教育行政の専門家である教育長の援助を受けつつ、教職員が専門家として実現していくための制度として把握されているからである。換言すれば、これはきわめて高度な政治なのである。

「教育委員会の創設当初から教師の精神的自由の教育における本質的な重要性について宗像は明言している。宗像が批判したのは教師の役割の強調が『教育を職業とする者の団体が、教育を左右すること』になりおわることにたいしてであった。民衆統制を説く宗像の教育委員会論は教師の専門的力量を軽視していたのではなく、その力量と人民の意志との結びつきを強調していたのである。専門家および教師は、民衆に対して教育に関する問題を喚起し、それにかんする正しい判断をなさしめるよう努力することを自らの義務にすべきなのである。教育委員会制度の下で、教育行政調査と教師の専門的力量とが、教育の主体形成と教育意志の民主化の過程に結合されることによって、民主教育に内在する二律背反は民主教育の発展の源泉としての位置を与えられることになる。教育委員会制度の課題を、ここにすえるならば公選制教育委員会の内容は一般住民の教育行政への参与を二年に一度の選挙権の行使にだけ限定するのは誤っている。教育委員が住民の教育的意志の代表者であり、かれらがその代表する地域の住民と共に考え、ともに努力するという日常的な運動のなかに公選制教育委員会の本質的な意義は存在する」（三〇六頁）。さらに黒崎氏は言を進めて、「国民の自覚に深く関わることによって、地域教育運動を成立させ、また教師に自らの専門的力量をその中で問う必要を自覚させるという関係を成立させるところに、教育委員会制度の本質的意義の主張があった」とした。この指摘は、現在もなお正しいものであるし、むしろ今こそ再認識されるべき課題でもあろう。

こうして戦後社会を民主主義的に再建する要としての教育委員会制度に期待をかけていたがゆえに、宗像氏は教育委員会制度の日本への導入においては、慎重であることを要求した。しかしながら、宗像氏の期待を裏切り、地方のボス支配を通じて教育を統制し教員組合を抑圧することを意図した政府は教育委員会法を成立させた。その結果、都道府県、五大都市、四七市町村に公選制の教育委員会が設置されることになった。宗像氏はその後教育委員会制度の実態調査を積極的に行うが、その実態は徐々に宗像氏に教育委員会制度への展望を失わせるものとなっていった。黒崎氏はその時点における宗像氏の自己批判(1)と「教育民主化のよじれ」が彼をして「国民の教育権」論を展開していくこととなる契機とみている。

その後一九五〇年代矢継ぎ早に行われた勤評、全国一斉学力テスト、さらには教科書検定制度の導入など、また一度は全額国庫負担が提唱された義務教育費国庫負担制度の再導入、最終的には一九五六年において教育委員会法が廃止され、地方教育行政の組織及び運営に関する法律が制定されるに至った歴史的状況が民主的な教育学者を、自民党政権および文部省との闘いに向けさせることになる。とくに家永教科書裁判を通じて、宗像氏の主張する「アンチ教育行政学」は、教育における内外区分論の提唱を通じて、さらには兼子仁、堀尾輝久といった論客を加えることによって、いわゆる「国民の教育権」論に帰着する。教育行政学はこの内外区分論と教育法学によって占拠されたように思われた。教師の教育の自由を根幹とし、教育行政を条件整備に限定するという内外区分論だけで事足りるとする「国民の教育権」論は、もっぱら自民党政府＝文部省の「反動的教育行政」を批判し、指導助言行政に限定させることをその主眼とした。そのような理論的環境においては、「教育における国家の地位の究明」（五十嵐顕）といったような問題関心は、もっぱら否定の対象としての国家の地位の究明に終始した。その国家論は単純であるため、国民国家が国民の教育・文化、健康、そして財産に無関心ではいられないという大前提はうけいれられなかった。国家のやることはすべて悪の根源であるとされたのである。また国家の役割を指導助言に限定させようという理論的志向は、指導助言を通じての統制を逆に肯定するものとなった。その上、国家権力が生まれる大本の源泉である市民社会（それ自体様々な立場が競合する場である）を対象とするような問題関心はほとんど顧みられなかった。そのため、市民社会のダイナミズムは無視され、専門家である教師（学校）と国家しかあたかも存在しないかのようであった。父母の教育権を論じるものも現れたが、それはずっと後のことであり、父母と教師（学校）の関係は予定調和で考えられてきた。そして論争は封じ込まれ、批判するものは排除された。

そのような時期に執筆された黒崎氏による宗像教育行政学の解説は、宗像氏の教育行政学が本来追究しようとしていた教育委員会制度論を高く評価するものとなっている。しかしながら、黒崎氏自身もこの時点ではこれ以上公選制教育委員会論を展開するわけではなかった。すなわち、あくまでも宗像教育行政学の評価を試みる中で前記の指摘が展開されているにすぎなかったのである。

2 教育行政＝制度論への展開

当時の黒崎氏の関心は専ら五十嵐顕氏が展開していた公教育費論に、とくに五十嵐氏が公教育費をすべて国家教育費として論じる点に向けられていた。黒崎氏は自由民権期に存在していた協議費およびこれを物的基礎とした「下からの中等教育」の組織化の運動があったことを取り上げ、「公」といえば短絡的に国家に代表されてしまう日本の文脈を批判し、国家と対抗関係にあったもうひとつの「公」の存在を明らかにしたのである。これは政治主体形成といった側面を持つ運動というよりは、明確に自らの教育要求を組織化し、国家の教育政策と対立する運動であったのであり、すでに変質してしまった教育委員会制度論よりも黒崎氏にとっては重要なものであったからであろう。歴史的にいえば、最終的にはこの運動も弾圧され、衰退していき、最終的には五十嵐氏のいう国家教育費に統合されていってしまった。黒崎氏の教育財政研究はその対象を戦後社会にまで拡大されることはなかった(2)。

黒崎氏は二〇〇四年三月に行われた東京都立大学での最終講義において、アンチ教育行政学と自らを称した宗像教育行政学について以下のように総括している。

「私は早くからこうした言説（「教育内容には行政権の統制が及ばない、とくに人々の価値観は、権力作用としての教育行政が決して立ち入らないオフ・リミッツであるとすることこそ、条件整備の教育行政観の本質である」とする宗像氏の言説─引用者）を『教育の自由の消極的規定』と呼んで、このパラダイムの理論的な困難の原因がここにあると感じてきた」。「教育は市民社会において肥大化し、すでに教育行政によって直接管理しうるものではなくなっていた」。「こうした事態を前にして、教育行政学は、もっぱら国家の教育統制に教育問題の原因を求め、教育と教育行政との区別をとくことに終始するといったものではあり得ない。市民社会の力学の中で教育の動態を分析し、効果的な教育行政の役割、適切な教育制度のあり方を見いだすことが課題とならなくてはならない。教育行政学の課題と方法は、教育制度の機能を市民社会のダイナミズムのなかで把握し、教育の営みの中で働くメカニズムを構造化するということではないかと考えるようになった」。そして自らの研究に対して、教育行政学ではなく、教育行政＝制度論という名称を与えたのである。

黒崎氏の教育行政＝制度論への展開は、日本ではなく、ユーゴスラビア、アメリカの理論研究を通じてなされた。ユーゴスラビアのSAZにおいては教師を公務員としないという制度に着目した。アメリカへの注目はまず六〇年代のコミュニティ・コントロール運動から始まったといえる。この運動は、白人ミドルクラスによって統制された教育委員会および公立学校に対して黒人コミュニティによる異議申し立てと自主管理運動であった。ここには教育をめぐる市民社会と社会運動のダイナミズムが存在していた。

公立学校をめぐってこういった社会運動が大々的に日本で起きなかった最大の理由は、人種問題や差別問題の存在を別にしても、日本の公立学校に対する国民の信頼がきわめて高かったことにあろう。もちろん文部省対日教組の図式は支配的であったものの、そういった意味では親と学校とはある程度は予定調和的であったということがいえる。大都市における私立中学校への進学は依然として例外的な事例として見なされ、中学受験はほとんど話題にはならなかった。地域格差の問題は専ら財政問題として論じられた。一九五〇年代に教職員給与および学校の施設設備に関しては義務教育費国庫負担制度が最低水準（ナショナル・ミニマム）の保障という名目で導入されて以来、論議の中心は、教育予算がＧＮＰ比で何％であるとか、中央で決定される国庫補助金の量に集約されていく。たとえば義務教育費国庫負担制度は学級編成を基礎単位に配分が決定されるため、何人の学級編成にするかが大問題となった。「教育の機会均等」原則は専ら進学率が上昇した時代の私立大学の授業料問題や公（国家）教育費予算請求運動と教職員の定数改善に結びつけられたのである(3)。他方、教育内容については自主編成運動論が展開されるのであるが、これは実質的には文部省の学習指導要領の法的拘束力の主張および教科書検定制度に対する反対運動、そして民間教育団体による教育実践の蓄積に集約されてしまった感がある。教育学研究者および教育関係者においては、国家の直接的な教育内容への統制のみが問題とされ、日教組対文部省の対立図式が先鋭化した。このような理論的状況においては、共通一次試験制度（現在のセンター試験）による実質的な教育内容統制や、英米の批判教育学が問題とするような「学校知」や「ヒドゥンカリキュラム」などに注目する研究は日本では発展せず、もっぱら海外から文献を通じて輸入されることになった。

戦後の教育状況を日教組対文部省という言葉で要約することがよく行われるが、この言葉が象徴しているように、きわめて中央集権的な教育行政の存在とそれへの対抗といった運動の存在は、教育委員会制度そのものを論議する契機を弱めるものであったといえよう。それでも任命制教育委員会制度をめぐっては中野区での準公選運動があった。しかしながらこの運動は全国的な広がりを持つものとはならなかった。第一回目の選挙こそ注目され、マスコミによって盛んに取り上げられたものの、その後は沈静化し、全国に波及もしなかった。学校と親との不協和音はたとえば「体罰」や「校則」といった問題から生じ、学校のブラックボックスが問題視されるようになったものの、多くの親たちは学歴社会の前に学校教育を受け入れ、問題が起こった場合、学校を変えることよりも自らが学校を替わること（退出）で切り抜けるようになっていった。

しかし教育委員会制度が教育行政学の中でそれほど注目されなくなった最大の理由は、地方教育委員会制度そのものと地域との関係にあったといえよう。米国教育使節団が日本に導入を勧告した公選制教育委員会制度は、本家米国ではすでに官僚化が進み、決して直接民主制を反映したものとはなっていなかったのである。宗像氏が描き、理想化した公選制教育委員会は建国期の米国において見られたタウンミーティングの理念であった。このタウンミーティングとは、誰もが誰もを知っており、教育が完全に親の権限のもとにあった時代の教育政策の立案・決定機関であった。二〇世紀半ばの大都市においては、すでに白人ミドルクラスと専門的官僚によって教育委員会は運営されており、この官僚化が住民によるコミュニティ・コントロール運動といった民主化運動を一九六〇年代に招来するのである。宗像氏ら戦後教育改革に期待をかけた研究者らは、米国教育使節団の勧告にそって公選制教育委員会制度を日本に導入し、発展させようとしたのであったが、それは、米国教育使節団のメンバーと共に、米国の歴史と実態分析を著しく欠いた幻想に基づいていたものであったということもできよう。

さらに管轄する地域の規模の問題も重要である。たとえば地方教育委員会の中には人口五〇万人で小学校六九校、中学校三八校抱えているものもあれば、人口数千人というものまである。小規模であればあるほど、顔が見える教育委員会活動も可能であろうが、前者の市の場合、教育委員はわずか五名であり、さらに内一名が教育長を兼ねている。教育委員の任命は首長によるものであるから、誰がなっているのかは広報を見て住民は知ることになる。このように規模だけ考えてみても教育委員会一般を語ることは困難である。さらに教育委員会には独自財源がないし、市町村教育委員会は、人事管理の一部を行うとしても、たんに運営費を捻出するだけの委員会となっている感が強い。こうして宗像氏が期待した主体形成の側面は弱められ、教育委員会制度そのものはすでに身近な存在とは、とくに都市部では、いえない状況になっていたし、教育委員そのものの存在も名誉職化していき、教育長および事務局に依存する官僚化は一層進んだのである。

一九八〇年代、イギリスで進められた新自由主義および新保守主義に主導された教育改革は、公教育制度の官僚化と専門職支配を批判し、一方で学校の自律性を高め（Local Management of School）、他方でナショナル・カリキュラムおよびナショナル・テストを導入する形で全体的に教育水準を上げるものであった。そして親に学校選択を認めることによって、学校間に競争を招来し、水準の低くなおかつ改善が見られない学校を市場から駆逐することが目論まれていたのである。ニューヨーク市においても、通学区域を広域化したマグネット・スクールや、学校に基礎をおく経営（school-based management）が導入されていた。しかし、黒崎氏が注目したデボラ・マイヤーのイーストハーレムの実験（スモールスクール運動）と学校選択は、すでに一九七〇年代から独自に始められていたものである。

一九八七年、黒崎氏にとっての最初のニューヨーク行きは氏の研究に新たな展開をもたらした。黒崎氏は留学先でこの第四コミュニティ学区で始められていたスモールスクール運動と学校選択の実態とその成果をつぶさに目の当たりにする。サイ・フリーゲル教育長を含む関係者にも知己を得た。すでに米国では、このようなスモールスクール運動が徐々にではあるが拡がりつつあった。帰国後もニューヨーク市立大学と東京都立大学との交流は継続され、一九九二年の東京都立大学新キャンパス移転記念においては、ニューヨークからフランク・ピニャッテリ教授（バンクストリート・カレッジ）、ノーマン・シャピーロ教授（ニューヨーク市立大学）、ジェームズ・シールズ教授（ニューヨーク市立大学）を招いてニューヨーク市の公立学校改革を事例にして公立学校改革の可能性について論じあった。その後、コミュニティ・コントロール運動の理論家として活躍されたマリリン・ギッテル教授（ニューヨーク市立大学グラデュエート・センター）の来日の他、ニューヨーク市立大学からのゲストは筆者が覚えているだけでも六名もあり、この間筆者は通訳として幸運にもその場に居合わさせて頂いてきた。

一九九六秋からの二度目の滞在において黒崎氏は、学校選択やチャータースクール運動の理論的に指導的立場にいる人々とも出会っている。この頃になると全米スモールスクール運動は年に二度全国大会を開催するほどの盛況ぶりであったし、デボラ・マイヤーやサイ・フリーゲルがその職を去ったニューヨーク市においても多くの学校が同様の実践を行っており、この運動は高校レベルまで拡大していた。

ここにおいて黒崎氏の到達した理論的結論は、親と学校（専門家）の間の「抑制と均衡」の原理であった。「大都市部での公立学校の再構築において学校選択制度が『改革の触媒』となること、その際には選択制度が市場原理の通常のメカニズムではなく、抑制と均衡と呼ぶような、教育における官僚制と専門職主義の独善性に風穴を開けるようなダイナミズムを発揮するが、そうした『改革の触媒』として選択制度が機能するのは、教育委員会の独自の、意識的な指導性によるものであることを学んだ」と黒崎氏は最終講義で述べている。この場合、教育委員会に期待されている役割は「独自の、意識的な指導性」であって、宗像教育行政学が主張していた公選制教育委員会という機関を通じて主体形成と社会の民主化を論じた民衆統制の理論ではない。黒崎氏がここで想定している教育委員会とは、専門職である教育長（氏の研究に即していえば、サイ・フリーゲル）であり、個々の教育委員や教育委員会の長ではなかった。つまり黒崎氏の関心は学校単位の親と学校との関係に注がれているのであり、これはある意味学校単位の教育委員会論であった。そして教育委員会は後景に退きながらも、こういった条件を提供する役割が与えられたのである。

3　日本の状況の中で

黒崎氏は『教育学年報』などを中心に積極的に「学校選択」論を論じる。黒崎氏の「学校選択」擁護に批判を加えていったのは日本では藤田英典氏であり、イギリスではスティーブン・ボール、またアメリカではマイケル・アップルであった。

藤田氏もボールもこの新自由主義・新保守主義に依拠した「学校選択」政策を、不平等を拡大するものとして批判した。そしてイーストハーレムの事例は唯一の成功例であり、これを一般化することは困難であるとした。これに対して、黒崎氏は、新自由主義・新保守主義の提唱する「学校選択」を「ナイーブな市場原理」の適用として、自らの「抑制と均衡の原則」としての「学校選択」を峻別することを主張した。藤田氏はこの峻別が実際には困難であると応じたが、この論争は依然として平行線のままであり、決着はついていない。

藤田氏やボールの主張は、まず第一に、現行の公教育制度（あるいは一九八〇年代以前の公教育制度）の結果が、社会的不平等を再生産し正統化しているというブルデューの指摘を無視するものであり、その点を不問に付すという欠陥を持っている。第二に、日本において公立学校の威信が低下していること、そして私立学校志向が高まっていることについても藤田氏は等閑視する。イギリスにおいてもすでに不動産による不平等が指摘され、学校選択よりも経済的不平等が教育の不平等に与える影響が大きく、学校選択はむしろ格差を縮めたというゴラードの研究も登場してきた(4)。さらに一九九〇年代から、イギリスでは市場社会主義・ハイエキアン社会主義や「第三の道」を提唱する研究者が増えてくるのであるが、これらによって、「市場メカニズム」がもともと有していた平等性や自由が、これまで「声」を有していなかった社会階層の人々に「声」を与えるものとなるという可能性が理論化された。さらに福祉国家のもとで蔓延した官僚制と「依存文化」への批判を共有するならば、この新しい試みは、宗像氏のいう主体形成の側面を併せ持つ大きな社会改革としても位置づくものであった。これはサッチャーの時代には「所有者意識

（オーナーシップ）」として展開されたものであるが、ブレアの時代には「利害関係者意識（ステークホルダー）」を高めるものとしても期待されているのである。こうして公教育制度の組織原理に「市場原理」を使うかどうかだけが問題となっていた時代はイギリスではすでに終わりを告げ、今では市場の「事後評価」による問題点の抽出とそれに相応しい対策を主とする時代に移っている(5)。

学校選択の唯一の成功例であるとして藤田氏やボールが指摘する第四コミュニティ学区の事例は、なにも新自由主義や新保守主義といったイデオロギーに触発されて始められたものではない。子ども達に安心できる環境を与え、学校やコミュニティへの「帰属意識」を高めたいと考えた一人の教師に、それを実現する機会を教育長が与えたところから始まっているだけなのである。教師には自らが願う教育実践を実現させ、親に対してはそれを選択したり拒否したりする自由を与える。このことが「抑制と均衡」の原理の内実であり、それ以下でもそれ以上でもない。

教育バウチャー制度やチャータースクールも、ともすれば、親の「声」を無視しがちな教師に対して、親の「声」を聴かざるを得なくするメカニズムを与えた。したがって、そもそもの出発点は、アップルが指摘するように、私立学校に逃げ出すことの出来ない貧しいものに与えられる「武器」だったのである。問題は、再びアップルが指摘するように、このアイデアが新自由主義者・新保守主義者に「乗っ取られた」点にある。なぜ乗っ取られたのか。アップルは答える。それは平等を守る民主的な教育学者たちが、既存の学校教育が有している官僚的側面の問題を直視せず、高邁な理念や門外漢にはよくわからない複雑な専門用語を使って学校を擁護し、本来ならば自分たちの味方であるはずの親たちを「不必要に」新自由主義者・新保守主義者（そして米国の場合はキリスト教原理主義者）たちの手に引き渡してしまったのだ、と。アップルは二〇〇二年東京都立大学で開催された日本教育行政学会大会のシンポジウムの席上で、基調報告者であった黒崎氏ともう一人のゲストであったジェフリー・ウォルフォード教授（オックスフォード大学）とともにこの問題について論じあった。その後、アップルは、日本のような中央集権的な教育行政制度を持つ国々においては、「学校選択」は可能性があることを認めている。しかしその際にも「乗っ取られない」ように細心の注意をせよと訴えている(6)。

4　まとめにかえて

日本においても英米の教育改革、とりわけイギリスの教育改革がモデルとされ、教育改革が推進されつつある(7)。しかしながら、日本においては新自由主義・新保守主義の有り様がイギリスほどしっかりとしたものでもないし、毅然とした政治家がいるわけでもない。規制緩和の主張も、学校選択や自律的経営についても、すべて日本の文脈に融合され、曖昧にされ、文科省の想定内での改革へと変質を余儀なくされている。基本的な構造は大きく変わっていない。義務教育費国庫負担制度の見直しは、国の負担が三分の一に減じられたが、学校現場の自主性がその分拡大したわけでもない(8)。その一方で、依然として都市部では公立学校離れが進んでいるが、公立の中高一貫校への人気や名門校復活の試みへの人気は、親のニーズがどこにあるかを明らかにしている。こういった親を「エゴイスト」といって批判することはたやすいが、学歴社会の存在は依然として確固としたものであり、親を「親」とするメカニズムを現行制度が持っていない以上、親の批判に終始するというのはそれこそアップルが批判する教育専門家の独善であるといえよう。

また、ここ数年、地方分権を主張する首長らから発せられる教育委員会廃止論に対抗して、擁護派から論じられる教育委員会制度の「中立性、継続性、安定性」という原則は、戦後改革の理念からではなく、一九五六年に成立した地方教育行政の組織および運営に関する法律において、公選制が首長の任命制に変更され、教育長の資格が剥奪された教育委員会を正統化するために主張された、むしろ当時の文部省側の意図にそうものであるが、これに対する自覚もみられない。現在は首長の側から一般行政と教育行政の調和の問題が主張されているのであり、もし教育委員会制度を擁護するというのならば、むしろ教育長、校長、指導主事の資格の復活等を含む、戦後教育改革の理念そのものに立ち戻って教育委員会制度を擁護することが重要なのである。

二〇〇五年一〇月発行の日本教育行政学会年報第三一号『義務教育学校「存立」の行政原理を問う』は、教育行政制度改革が一気に加速する中、新たな理論的枠組みを模索する第一四期年報編集委員会の試みの一回目のものである。そこにおいて黒崎氏は会長（当時）として「教育行政制度原理の展開と教育行政の課題」と題して基調提案を行った(9)。さらにときを同じくして二〇〇五年度四〇周年記念大会の特別企画において、黒崎氏は明確にこれからの教育行政研究者が取り組むべき時代の課題を我々に提示している。着実に黒崎教育行政＝制度論が現代の教育行政研究に対して大きな枠組みを提供しているといえよう。

註

1　二〇〇四年三月に行われた東京都立大学最終講義において黒崎氏はこの点について、以下のように補足している。「教育行政学の社会学の骨格をなしていた『教育を職業とするものの手によって教育が統治されてはならない』とする宗像誠也氏の教育委員会論が、地方教育委員会の実態によって挫折を余儀なくされたという内発的な事情によるものであった」（黒崎勲「退職記念講義要旨」二〇〇四年）。

2　もし黒崎氏が義務教育費国庫負担制度が一九五八年に新たに導入される際の議論を検討していたら、この研究はさらに展開した可能性が残されていたかもしれない。それは当時公選制の教育委員会制度を擁護するものから、九五％の国庫負担案が対案として提案されていたからである（大田直子「義務教育費国庫負担法における『教育の機会均等』と『教育の地方自治』」『東京大学教育学部紀要』第三〇巻、一九九一年）。少なくとも公選制の教育委員会が存在している限り、一〇〇％の国庫負担でなければ、地方の自主性は守ることができるというのがその主張であった。もし学校の自律性が高められ、人事、予算などの権限が与えられるようなことが実現したならば、あえて一〇〇％でも構わないと論じることも可能である。現にイギリスでは二〇〇六年度から公教育費は、地方自治体による流用を禁止してすべて国庫から全額を学校に交付されることになっている。

3　運営費の問題を古くから指摘してきたのは日教組学校事務職員部の運動である。学校事務職員の中には自分が都道府県教育委員会の職員であるため、県費（すなわち教職員の給与、福利厚生など）のみを自らの仕事として規定し、市町村費（すなわち学校の運営費など）の会計を一切しないとする地域が少なからず存在しているからである。日教組学校事務職員部は早くから市町村単位で格差が明確に出る運営費について情報を集め、最低限の運営費を保障する運動を繰り広げてきた。現在は、複数の組合が存在し、運動の影響力は低下してしまった。運営費や学校事務職員のあり方について基本的には同じ方向を向いているのに日教組の分裂によって求心力が低下してしまったことはきわめて残念である。義務教育費国庫負担制度の廃止論は一九八三年頃から毎年繰り返されてきたが、こういった地道な活動を続けてきた学校事務職員と栄養職員の対象除外というのが当時の大蔵省の戦略であった。これに対抗し、これを回避するために教材費、旅費が対象から外されたのを皮切りに、毎年なんらかの手当が除外されてくることで妥結してきたのであるが、この間、多くの教育学者、教師は傍観してきたというのが真実である。二〇年がたち、対象除外とする諸手当がなくなり、最後に基本給に踏み込んできたときに、「教育の機会均等」原則を盾に中教審で反対論を展開したのが教育社会学者である藤田英典、苅谷剛彦両氏である。しかし現行制度を守ることにはかなりの問題がある。現行制度が持つ人事管理的側面については何ら言及されなかったし、実際には義務教育費国庫負担制度の下での給与の地域格差は一・五倍ともいわれているからである。また両氏は「教育の機会均等」原則を教職員の給与のみを対象にして問題を展開しているが、子どもの学習権の保障を直接的に反映してしまうのは給与費よりも運営費ではないのだろうか。全国的に見れば運営費の格差は信じられないほどに拡がっている。しかしこれについてはまったく問題にされなかった。

4　藤田英典氏の黒崎批判については、『教育学年報』の論文を参照のこと。スティーブン・ボールとはブリティッシュ・カウンシルの研究補助金を得て三年間、日英の学校選択に関する研究を共同で行ってきた（英国側研究者：スティーブン・ボール、メグ・マグワイヤ、ジョン・フィッツ、日本側研究者：黒崎勲、大田直子、苅谷剛彦、志水宏吉）。ボールの黒崎氏への批判はイギリスのキングス・カレッジで行われた一九九六年のシンポジウムが最初である。ゴラード（Stephen Gorard）の研究については、以下を参照のこと。Gorard, S. & J. Fitz, The More Things Change…the missing impact of marketisation?, *British Journal of Sociology of Education*, Vol.19, No.3,

1998. Gorard, S. & J. Fitz, Under Starters Orders : the established market, the Cardiff study and the Smithfield project, *International Studies in Sociology of Education*, Vol.8. No.3, 1998. Gorard, S., *Education and Social Justice : The changing Composition of Schools and Its Implications*, University of Wales Press, 2000. スティーブン・ゴラード、松下丈宏訳「公共政策の中の市場——イギリス一九八八年教育改革法を事例として」『教育学年報九』世織書房、二八九—三二二頁、二〇〇二年。

5　現代の教育改革が一九八〇年代に始まった英米の教育改革をモデルとし、イデオロギーのみならず実質的な影響を受けていることは周知の事実である。しかしながら、イギリスの教育改革のモデルの一つが日本の教育制度であったという事実は忘れられているように思われる。ここではイギリスの教育改革において市場原理がどのように展開されてきたのか、簡単に論じておきたい。

　興味深いことに、イギリスはアダム・スミスの母国（正確には正しくないが）だけあって、教育制度の組織原理に市場原理を活用しようとした事例は一九八〇年代が最初ではない。なお、付言すればアダム・スミスは公教育の必要性を説いていたのであって、決してこれに反対していたわけではない。ただ教師を完全な公務員にすることに反対していたのである（アダム・スミス、大内訳『諸国民の富』四、岩波文庫）。

　一八六二年の改正教育令は、労働者階級を対象とする基礎教育への国庫補助金の支出方法に通称「出来高払い制度 payment by results」を導入したことで有名である。提案者とされる当時の責任者、枢密院教育委員会副総裁でアダム・スミスの弟子を自負するロバート・ロウはそのために悪名を教育史上に残すこととなったが、実はこの出来高払い制度のアイデアそれ自体は彼のものではない。改正教育令はそれまで教育内容の質を問うことなしに支出されていた国庫補助金の交付方法を根本から変えるものであった。補助金は二種類の方法で交付されることとなった。まず最低限の出席日数が満たされた場合に対して一律に交付する。次に教育内容について全国的基準（スタンダード）を六段階設定し、年に一度テストを行い、生徒の成績結果によって教師の給料への補助金を交付することにしたのである。そこには教師の注意と関心を生徒に向けさせ、基礎学力を一人ひとりにしっかり身につけさせるという責任があるのだという強力なメッセージがある。さらに付言すれば、この3Rs（読み書き計算）の全スタンダードを修了したものに期待される学力とは、度量衡の計算と新聞がきちんと読めて内容を理解するというものであった。ロウによれば、国家は教育を受けるものの価値観に踏み入ることはせず、最低限の世俗教育を保障することに徹するべきであった（大田直子『イギリス教育行政制度成立史』東京大学出版会、一九九二年）。

さらに一八六〇年代中葉、台頭してきた産業資本家層を中心とする一部ミドルクラスは、有名パブリックスクールなどを含む基金立学校（endowed school）に対して、自分たちの子どもの教育のために基金を有効利用しようとなんらかの国家介入を初めて試みていた。再びロバート・ロウは、自ら大学の私設チューターとして学生の授業料のみで生活する時期があったという経験から、教職というものはとかくマンネリズムに陥りやすいという教職観に基づき、以下のように主張する。すなわち、基金立学校の教師は、安定した収入が保障されているがゆえに、堕落している。現在有名となったパブリックスクールは、例外なく校長がビジネス感覚に長けており、彼らが基金に縛られずに、自らの目指す教育を自由に行ったために、人気も獲得し、学力の水準も上がったのである、と（Lowe, R., *Middle Class Education*, 1868.）。このロウの主張に対して、宿敵J・S・ミルが反論した。ミルは、親の、つまり消費者の判断が信頼できるのは、(1)彼らが購入費を十分持っているとき、(2)商品に対して十分情報をもっているとき、(3)商品に対して正しい判断が下せるときであり、この三条件が満たされていない場合には、市場原理は機能しない。ミドルクラスの親達はまだそのレベルには至っていないので、ミドルクラスを対象とする教育内容を市場原理でチェックするよりも、安定した収入のある専門家にまかせることを主張した。すなわち "endowment or free trade" と迫ったロウを批判して、ミルは "endowment and free trade" と主張したのである（Mill, J. S., "Endowments," *Fortnightly Review*, No.28, 1869, April. pp.377–390.）。結局ミルの理論は、親に対する不信と専門家への信頼に根差している。とくに彼が出した条件の(3)は、事前に「正しい教育」があることを想定しており、それは親ではなく、専門家のみが認識できるとしていることを示していた。ミドルクラスの親は、当時の選挙制度の下ではすでに政治判断を行うことができる主権者であった。そうではあっても、そうした建前によって親が教育的判断を下せるようになるわけではないとミルは主張する。換言すれば、子どもの教育は、親の自由だけには委ねられないということである。他方、ロウは、そうだからといって専門家のマンネリズムと独善を許すわけにはいかず、これに対しては自由競争と市場による事後的評価が必要であることを主張しているのである。この論争は、専門職の自律的判断と市場の評価メカニズムの対抗的性質を露にするものとして、現在の学校改革をめぐる論議にも示唆的である（大田直子「評価の政策史——イギリスの事例」『教育社会学会紀要』七二、日本教育社会学会、二〇〇三年）。ちなみにロウについて付言すれば、彼自身も公教育に対して反対の立場を取ったわけではない。現にイギリスで政治家になる前にはオーストラリアに渡り、オーストラリアの義務教育制度の成立に尽力している。

ヨーロッパではもともと子どもに教育を与えることは親の権利であり、義務であると考えられてきた。そして教師はあくまでも「親代わり *in loco parentis*」として教育を行うのである。この自然法的親子関係に基づく教育法制を、兼子仁は私教育法制と呼び、近代の公教育制度もその根幹はこの私教育法制に依拠していると主張している（兼子仁『新版教育法』有斐閣、一九七八年）。つまり、兼子によれば、現代社会においても、子どもの教育に関しての最終的な権限は親に帰属することになる。したがって親が専門職の判断に従うかどうかは、最終的に親の自由意志に任されるのである。現に私教育の最たるものは家庭教師であるが、雇用主の親はいつでも専門職である家庭教師を首にできる。

ところで、ロウとミルの論争は自前で教師を雇い、子どもに教育を与えることができるミドルクラスの親と専門職の関係についてであったが、高額の授業料を支払うことができなかった労働者階級についてはどういう理論が展開されてきたのであろうか。一八三〇年代以降、労働者階級に対しては公費による義務教育の制度が、やはり一部のミドルクラス（ベンサムなどを含むラディカルズやロバート・オーウェンら）とチャーチスト運動の担い手達によって別個に要求されてきた。しかしながらこの計画は保守党のみならず児童労働に依存する工場主らによって反対され、挫折し続けていた。一八六〇年代には国家による教育制度が支配階級に労働者階級を教化するための武器を与えることになるのではないかという懸念が第一インターナショナルで一部の労働者達によって表明される（この問題は結果的にはマルクスが国家権力に対して積極的に青少年の教育を保障させることを主張したことで「権利としての」公教育要求に代わる）。また支配的な政党である保守党と密接な関係にある英国教会の教義が、公教育制度を活用して普及することにならないかといった懸念が非国教会派の間に高まった。最終的には一八七〇年の基礎教育法によって部分的ではあるが義務教育制度が成立したが、これは先の改正教育令の体制をイングランドとウェールズに拡大するものであった。当時、道徳教育は専らキリスト教教育として考えられたこともあり、学校への強制的出席を要求する（強制就学）義務教育とは、内心の自由や親の子どもの教育に対する権利の制限（介入）として認識された。そのため、当時の自由党政府は法律によって中央政府が義務教育年限を決定することを避け、地域に地方税納税者からなる公選制学務委員会に設置し、そこに就学年限および宗教教育の内容の決定を委ねたのである。つまり個々の主体が有している権利への制限を直接民主主義的手続によって認めていく方法をとったのである。

また階級別の教育制度ではなく、普遍的な義務教育制度が成立した一九四四年法においては、就学義務については例外規定が設けてあり、ある条件の下では学校外での教育も認められてきた（education otherwise）。さらに公教育は親の意志を尊重して供給されることも規定されている。

こうして第二次大戦後のイギリスでは親の権利の尊重を主張するのは専ら保守党であり、教師の専門性の優位性と平等を主張するのが労働党という伝統が形成されつつあった。さらに教育の自由は、私立学校設置の自由という形で現在も存続している（現在の私立学校設置条件は、二〇〇二年教育法により、就学年齢の生徒が五名以上いる場合は、関連諸規則の基準に合致したことが証明された後、私立学校として登録されることが必要条件とされている。それ以前は登録が奨励されていただけであり、緩やかであったし、日本と比べれば依然として緩やかである。私立学校が新設されたり閉鎖されることはごく自然に起こっている）。イギリス社会において私立学校は基本的人権としての教育の自由の象徴であるし、多様性を生み出す源泉でもあり、公立学校制度のモデルでもあった。もちろん高額の授業料によってそれが特権化されてきたことは事実であるが、それはまた別の次元の問題である。また、公教育においても、国家や地方自治体によって公教育が独占され、一元的価値観のみを教え込まれることに対する強い危機意識が存在している。たとえば、『メリトクラシーの興隆 *The Rise of Meritocracy*』の著者であり社会学者であったマイケル・ヤングは公教育内部での多様化を促進する運動を戦後一貫して精力的に続けてきた（Advisory Centre for Education. 一九六〇年創設、機関誌 *Where*）。現在、学校選択に反対する立場を取る人々が、ある意味国民の教育権論の反転バージョンのように、平等を強調するが故に無批判に既存の公教育を価値化し、擁護することはあまりに無邪気であるといえよう（またこの問題は、基本的人権、リベラリズム、〈公〉と〈私〉、今流行の言葉で言えば「善き生」の問題としても、これまでとは異なる理論的次元で問題にされるべき問題である）。

現代の教育改革で再び登場してきた市場原理の導入は、一九八〇年代のサッチャリズムのもとでの教育改革であった。一九八八年教育改革法は、ロバート・ロウの「出来高払い制度の再来」といわれ、教育関係者から激しい批判の的となった。当時イギリスでは就学人口がかなり減少しつつあり、公立学校の閉鎖統合は地元を巻き込んでの政治問題となっていた。そのため「親の学校選択」を隠れ蓑に政府が自然淘汰を画策するものとしてみられたのは当然であったし、現に保守党政府はこれを明確に意図していた。また市場原理の導入は、不平等を拡大させるという批判も、日本と同様に起こった。そこでは市場原理は公教育を破壊する原理として把握されていた。しかしながら、国民国家の存続をかけたヘゲモニック・プロジェクトとしてサッチャリズムを理解した場合、どのような国家も福祉国家の役割を失うわけにはいかず、たとえ超緊縮財政をとったとしても公共サービスの質を落とすわけにもいかない。国民国家の存続意義、正統性そのものが問われるからである。結果的に基礎学力の全体的向上を目指して、ナショナル・カリキュラムおよびナショナル・テストがケネス・ベーカー教育大臣の手によって導入されたことにより、サッチャーらが当初想定していた自然淘汰による教育水準の確保は、市場の直接的な影響をそのまま反映した教育内容の自由化とは完全にはならず、その性格を大幅に変えることになる。つまりそこにはハイエクが主張する市場の事後評価的側面がクローズアップされる契機が含まれていた（von Hayek, F.A., 'Two Pages of Fiction : The Impossibility of socialist Calculation', 'Individualism : True and False,' in Nishiyama, C. and K. R. Leube eds., *The Essence of Hayek*, Hoover Press, 1984.）。

こうしてサッチャー保守党政権が実現させた一九八八年教育改革法の体制とは、学校には予算、人事を含む自律的経営を許し、供給者の多様化が促進され、親には学校選択を認め、国家は教育内容を決定し、事後的に評価、公表することによって水準を満たさなかった供給者は市場から駆逐され自由競争と多様化をもたらしながらも最低限の教育内容の実現を保証するという新しい福祉国家であった。これを筆者は自由競争と自然淘汰の「品質保証国家」と呼ぶ。

さてそれでは先のミルの三条件はどのように実現されたであろうか。まず購入費に関していえば、中等教育段階までは授業料は無償であるため、問題はない。次に十分な情報については、アカウンタビリティと情報公開という形で保障されることになった。最後の「正しい判断がくだせるかどうか」という点が問題であるが、これはナショナル・カリキュラムとテスト、およびその結果の公表によって、学校の評価が客観化され、数値化されることによって親は比較考量ができるようになり、これをもとに学校を判断することが期待されたのである。

しかしながら、サッチャーらがここで想定した親像は現実の親とは異なっていた。実際の親たちは子どもの幸せということを主に考え、成績よりも学校の雰囲気などを選択の基礎におく場合が多いことなどが調査から明らかになり、学校選択にとって敏感であったのは、むしろ学校側であることがわかった。親が学校を選択しているのではなく、実際には人気のある学校が自分たちにとって有利な親子（成績優秀で学校を支援するような親子）を選択していることが明らかになった。また学校評価も、たんなるテストの成績だけではなく、学校の教育力（付加価値評価）の評価を求める声も強まった。

学校選択と市場原理的組織原理が全体としての教育水準を高めるためのさらに洗練された理論は、基本的に自由競争と自然淘汰の「品質保証国家」であるサッチャリズムからは生まれ得なかった。それはまず保守党政権下での各地域での取り組みの中に表れ、「第三の道」を提唱した新労働党政権およびギデンズによって理論化がされる。筆者はこれを市場原理と事後評価の「品質保証国家」と呼ぶ（大田直子「国家の教育責任の新たなる在り方：イギリス「品質保証国家」の教育政策」『教育学研究』第七一巻第一号、日本教育学会、二〇〇四年）。

ギデンズはまず『第三の道』で、「第三の道」がめざす社会像を、包摂的社会と行動的市民という枠組みで提示する。これには最下層の人々の排除と並んでミドルクラス以上の人々の自己排除双方を再び公的空間に導き入れることが目的とされている（ギデンズ、佐和訳『第三の道』日本経済新聞社、一九九九年）。また二〇〇三年段階の修正「第三の道」では市民の義務と責任を明確に謳った上で、以下のように述べる。

まず「選択と競争は、現実化できる場合はどこででも、民営部門と同様に公共部門でも重要である」が、教育と保健衛生サービスは消費財と同様の扱いをするわけにはいかない。なぜならこういった公共部門においては、市民としての責任と義務が関わってくるからであるし、「（これに関する）選択は市場での選択の場合とは異なり、信頼と参加を前もって保証する体制を必要とする」。「公共部門においては個人は市民＝消費者となるべきである」。「二つ問題点がある。ひとつは公共部門における既得権益を有する集団と公共的利害の関係、もうひとつは多元化主義と不平等という関係である」。前者に関しては生産者側の独裁を許さないということが肝要であるとした。また後者に関しては具体的に以下のような提案を行っている。「選択を拡大するということは、貧しい人々にとって、豊かな人々が享受している選択のうちのいくつかを得ることを意味する。選択は、とくに競争がある場合、公正さを高める。なぜなら、現在貧しい人々が甘んじなければならない質の悪い公共サービスの供給者に対して圧力をかけることが可能となるからである。最後に、選択と分権を拡大することは、ミドルクラスの退出に制限を加えるために決定的に重要である。医療において、より良い医療サービスのために追加的費用を支払う自由というのも認められるべきである。私たちは豊かな人々と貧しい人々との間での社会的『努力協定 effort-bargain』というものを創り出す必要があると提案しよう。私はこれを統制された不平等（controlled inequality）と呼ぶ。その意味は、私たちは最もひどい不平等がさらに拡大してしまう代わりにある程度の不平等を受け入れるべきだということだ」（Giddens, A., *The Progressive Manifesto*, Polity, 2003, pp.17-20. の要約）。現在の労働党政権は「品質保証国家」における基準設置と事後評価及びそれに対する救済策の提示を行う国家の中央集権的役割を強めている。そのため自立した個人をつくるためにあれこれ指示する「乳母国家 nanny state」と揶揄されているほどである（この問題についてはまた改めて論じる予定である）。

ところで、このような「品質保証国家」が存在するためにはいくつかの前提があるが、自然法的親子関係もそのひとつである。現在、家族を多元的価値観の源泉としてではなく、不平等の源泉として見なす議論が再び強まっている。しかしながら、経済的な問題だけでなく文化資本という形で不平等を問題とするならば、極論すれば遺伝子の不平等まで論じることになりはしないか。そのような社会が非人間的な社会となることはレーベンス・ボルン計画の例を出すまでもなく自明のことである。平等問題はギデンズが、あるいはロールズやヤングが展開するように、程度問題、すなわちどの程度の不平等なら受け入れられるのかという問題として考えていく方がよいのではないだろうか。

しかしながらギデンズでも考慮していない問題がひとつある。それは現代社会に見られるように、自然法的親子関係という前提そのものが崩れつつあるということだ。もちろん以前から自然法的親子関係が成立していない親子が存在していたではあろうが、とみにこの問題がクローズアップされている。このような状況の中、一体誰が子どもの最善の利益を代表することができるのかという問題が新たに登場してきている。ここでこの問題について展開できるほど準備ができているわけではないが、この問題についてはさしあたり森田明『未成年者保護法と現代社会——保護と自律のあいだ』（有斐閣、一九九九年）を参照されたい。

6　Apple, M., *Educating the "Right" Way*, 2nd. 2006, Routledge. マイケル・アップル、大田直子訳『右派の／正しい教育』（世織書房、近刊予定）の「日本語版への序文」参照。その他日本教育行政学会第三七回大会実行委員会編『国際シンポジウム　多元化社会の公教育：新しいタイプの公立学校の創設と教育の公共性』日日教育文庫、二〇〇三年参照のこと。

7　筆者はイギリスの教育改革の可能性を評価する者であるが、日本の研究の中には政策文書を訳出して紹介しているものや、批判を一切加えず事例を紹介しているものもあり、イギリス研究の危うさを感じている。中でも一番危険なのは、自民党と民主党の一部の議員が主張する、イギリスの教育改革の成功の原因を、一九四四年教育法を改正し、一九八八年教育改革法を成立させた点に求める立場である。彼らは訪英調査団を組織し、その結果を様々なところで発表したり、著作にまとめたりしているが、彼らが調査したのは実はブレア労働党政権下の教育改革なのである。彼らの意図は一九八八年教育改革法によって、一九四四年教育法が大幅に変えられたことを強調する点にあり、これを日本における教育基本法改正に結びつけようとしているのである。一九四四年教育法を日本の教育基本法と同一視すること自体、イギリスの教育法のあり方についての根本的な無理解を物語っている。たとえば中西輝政編『教育正常化への道——英国教育調査報告』（ＰＨＰ研究所、二〇〇五年）を参照。

8　執筆当時は、市町村立学校職員給与負担法が一部改正され、市町村での教職員採用が認められるようになる法案が国会で論議される予定だった。

9　日本教育行政学会『日本教育行政学会年報31　義務教育学校「存立」の行政原理を問う』二〇〇五年、教育開発研究所。この企画は二〇〇五年から三年間継続する予定である。また学会創立四〇周年記念年報別冊は、二〇〇六年十月に刊行された。

追記

尚、黒崎氏の研究に則して付言すれば、日本でのコミュニティ・スクールをめぐる議論、及び地教行法改正への動きは氏にとって格好なフィールドをあたえることになった。氏の『新しいタイプの公立学校——コミュニティ・スクール立案過程と選択による学校改革』（日日教育文庫、二〇〇四年）は、管見の限り関係者へのインタビューを含む日本で初めての政策立案過程分析となっている。

10 + 苅谷剛彦

『大衆教育社会のゆくえ』以後

——一〇年後のリプライ

1 教育のアカウンタビリティの争点化

今から一〇年前の一九九五年に、『大衆教育社会のゆくえ』（以下、『大衆教育社会』と略すこともある）という小さな本を出版した(1)。私にとっては初めての新書で、まだぎりぎり三〇代のときだった。執筆当時は、偏差値教育批判が吹き荒れ、業者テストの廃止がさかんにマスコミをにぎわしていたころである。成績による子どもたちの序列化を教育の諸悪の根源と見なす。拙著の中で分析対象とした、「差別選別教育批判」と共通する考え方を文部省（当時）が形を変えて提唱するようになり、偏差値バッシングが猛威を振るっていた時代であった。

そんな時に、この新書の内容は、差別選別教育論の歴史的系譜を知識社会学的にたどり、「能力主義的差別」という見方の陰で、教育における階層間格差の問題が隠ぺいされていること、個性尊重というスローガンを掲げた教育改革が、教育の階層差を拡大しかねないことを明らかにしようとするものだった。

今でこそ、教育における階層化や格差の問題は、一定の社会的認知を受けている。だが、一〇年前には、教育の階層化について論じることも、実態調査をすることも、その結果が専門誌を超えてさまざまなメディアで報告されることも、今ほど広く受け入れられていたわけではなかった。能力主義的差別教育批判という見方自体を相対化することにも、それを批判的に研究の対象にすえることにも、当時の教育界には一種の抵抗感が残っていたといっていいだろう。そのころの私の心情からすれば、それでもこうした問題を分析し、新書という広く読まれる媒体を通じて発表することは、「勇気」のいることだった。現在では想像できないかもしれないが、猛烈な反発を浴びるかもしれない、そんな不安と怖れを抱きながらの出版であった。

実際には、心配したほどの反発も批判もほとんどなかった。いや、ある意味では、当時の主流派教育学からは、ほとんど無視されたのではないかと思われるほどの反響のなさであった。執筆時の緊張感に照らせば、半ば拍子抜けといっていいような感触だった。

そんななかにあって、『教育学年報』誌に、生産的な批判を込めた書評が登場した。黒崎勲氏の「教育社会学と規範的判断」である。『大衆教育社会のゆくえ』のある章が、以前この年報に掲載した論文をもとにしていたこともあってか、教育学の専門的学術雑誌の中で拙著を取り上げてくれた数少ない書評の一つであった(2)。

すぐさま、反批判の論考を同じ年報に書かせてもらおうと思っていたのだったが、諸般の事情でそれは実現しなかった。いったん時機を失しまうと、書評への回答のようなものを書くのは難しくなる。そんなこともあって、一〇年が経ってしまった。ところが、今回、黒崎勲氏のこれまでの論考をふまえて、教育研究の捉え直しをしようという主旨で本を作るという誘いを受けた。そこで、せっかくの機会なので、「一〇年後のリプライ」を書いてみたくなった。一〇年を経た今、黒崎氏が拙著に対し指摘した中心問題に応えつつ、この章では、大衆教育社会の変節と、そのゆくえについて、教育社会学研究の立場の捉え直しを含めて論じてみたい。

2　批判のポイント

黒崎氏は拙著に対して、いくつかの重要な問題提起を行っている。しかし、ここで取り上げるのは、氏の書評論文のタイトルにもなっている、教育社会学と規範的判断との関係に関する問題に限定する。それというのも、この批判にどう応えるかが、一〇年を経た現在の、教育問題をめぐる重要な問題に通底すると考えるからである。

黒崎氏の批判が集約的に表現されている文章を以下に引用する。

教育社会学の検証する事実は、教育政策そして人々の社会規範論議にとって、そのまま議論の前提としうるほど具体的な「事実」ではない。「事実を事実として解明する」と自覚する教育社会学研究が成果として明らかにする事実は、教育社会学研究の方法によって囲われた事実であり、たとえば応用倫理学が、自ずからそのままそこから議論を出発させるべき立脚点だというわけではないのである（黒崎、一九九六、五一―一頁）。

『大衆教育社会』の当該箇所の要旨にもふれながら、この批判について、少しだけ解説しておこう。拙著の中で、私は日本において親の学歴や職業によって学業成績、学歴達成などに格差があり、それが一九五〇年代から八〇年代末まで比較的安定的に持続している調査結果を紹介した。一方、石田浩氏が示した国際比較研究の知見をもとに、日本における社会階層と教育達成との関係は、アメリカやイギリスと同等かそれ以上に強い関係があるという「事実」を示した。その上で、これらの国々と比べ、教育における階層差が日本ではなぜ問題にならないのかという問題設定を行ったのである。差別選別教育批判といった考え方や、学歴取得後の「差別」に焦点化した学歴社会論といった見方が、階層化問題を「隠ぺい」する主役である。そのような見当をつけて、こうした見方・考え方が、どのようにしてでき上がっていったのかを解明しようとした。

先に引用した黒崎氏の文章にある「教育社会学の検証する事実」とは、実際には日本においても教育と社会階層との関係があることを示した研究成果のことである。他方、「社会政策そして人々の社会規範論議」が「前提としうるほど具体的な『事実』」とは、教育と不平等問題という政策課題の設定を枠づける

「事実」のことである。言い換えれば、社会学的事実と、人々が社会問題、ないし政策課題として議論に値すると認定する事実とは、自動的に一致するものではない、というのが黒崎氏の批判のポイントであった。そして、そこから、一見、事実の認定だけに専念しているように見える実証派の教育社会学研究において、規範的判断がどのように入り込むのか、を問われたのである。

この指摘は、社会政策や社会問題を社会学的に解明しようとする場合に、きわめて重要な指摘であり、『大衆教育社会』で十分には展開しきれなかった論点である。現代風に言い換えれば、教育社会学を含む「実証研究」が提示する研究知は、いかにして、社会問題の社会的構築とリンクするかという問いとして設定できる。そして、現時点で黒崎氏が指摘した論点をこのように引き受けてみると、この一〇年間の教育研究と教育問題との関係の変化について、さらに一般化していえば、社会科学と社会問題の関係について、考察に値するテーマを引きだすことができるのである。それを私流に表現すれば、ギデンズのいう「社会的再帰性」が高まるハイ・モダニティの社会状況において、「実証研究」が提供する知はいかなる社会的役割を担うか、そして、その役割自体、社会的再帰性の絶えざるサイクルの中でどのような意味変容を受けるか、という問題構成である。

このような論点を引きだして論じることに、どのような意味があるのだろうか。もちろん、ここで私は、一〇年を隔てた「後出しジャンケン」によって、黒崎氏を論破しようとしているわけではない。そうではなく、一〇年間やり残した宿題にあえて今応えることで、教育問題の構成のされ方や、それへの実証研究のかかわりの変化が見えてくる。そうした「歴史の高み」という特権的な立場に立つことで、教育研究の現在を照らし出してみたいのである。

3 社会的再帰性と実証研究の知

グローバル化、情報化といった変化の中で、人びとは、変わりつつある社会の様相を不断にとらえ直し、そうした認識をもとに社会への働きかけを行っていく。これらの一連の動きを、イギリスの社会学者、アンソニー・ギデンズは、「社会的再帰性」という言葉でとらえようとした。私流に敷衍すれば、一部の人びとのみが情報を握り社会を統治し、統制するのではなく、多くの人びとが、社会のあり様を認識し、変化に応じてさらなる変化を引き起こすような働きかけに関わり合っていく。情報公開とセットになって「説明責任」が問われ、それゆえ、民主主義（一人一票や「参加」）の原則を前提に、（政治的）判断の自己責任が問われる。数値目標までを組み込んだ「マニュフェスト」が選挙で使われたり、目標達成の政策評価が求められるようになっている。こうした変化が、社会的再帰性の高まりの反映である。ギデンズ自身の言葉を引けば、「再帰性の強まる世界は〈利口な人びと〉の世界」(3)である。ただし、実際にどの程度人びとが「利口」かどうかは問われない。つまりは、公開された情報や政策評価の結果を政治的な選択行動に結びつけられるかどうかは保障の限りではない。だが、そのことが問われずとも、こうした再帰性を前提に社会が運営されるようになっている。

このように「セルフ・モニタリング」のメカニズムを組み込んだ高度近代社会において、人びとが「社会」をどのように認識するか、そのための知識や情報がどのように与えられ、意味付けられ、解釈され、「社会」イメージが構築されるか。この過程には、当然ながら教育研究を含む学問知が組み込まれている。なかんずく、社会の状態を何らかの学問的方法を通じて「事実」として捉え、示そうとする実証研究（empirical research）の知見（findings）（ここではそれを「実証研究知」と呼ぶことにする）は、社会問題が構築される際の重要な資源となりうる。

もちろん、「実証研究知」が提示されれば、それがそのまま社会問題構築の資源になるというわけではない。何を問題と見なすかをフレームアップする問題構築のプロセスが、介在しているからである。そこに、マスコミの報道やキャンペーン、政治家や利害関係者のはたらきかけが深くかかわることはいうまでもない。

さらには、人びとの受け取り方も重要な要因である。さまざまな知識や情報、生活実感などをもとに、多くの人びとの関心が高まることを通じて、問題が社会問題化していく。生活実感にも関係する景気の動向や社会風潮、マスコミを通じて報道される事件の印象といったものが、人びとの認識に影響を及ぼすものと考えられる。

4　問題構築の過程と実証研究の知

以上は一般論の域を出ない議論である。それでは『大衆教育社会のゆくえ』が提起した問題は、その後、どのように展開していったのだろうか。教育社会学研究が提示した「事実」は、政策論議とどのような関係を取り結ぶようになったのだろうか。

このことを論じるにあたり、『大衆教育社会』の提起した「事実」が、現時点では、ある程度「教育政策そして人々の社会規範論議」にとって前提とすべき「事実」へと変化を遂げているという認識に立つことにしよう。黒崎氏が指摘したように、日本における「階層と教育」問題は、九五年時点では「教育政策」の「議論の前提」となるにはほど遠かった。だからこそ、私自身、なぜ問題化しないのかを論証しようとした。だが、そうした人びとの認識が、この一〇年間で変化しつつあるという前提をまずは認めてみようということだ。

このようにいうと、九五年の時点で教育における階層化を拙著がみごとに予見した、「先見の明」があった、と自画自賛しているように聞こえるかもしれない。しかし、いいたいことはそんなことではない。社会的再帰性の強まる社会において、実証研究が提示する「事実」が、どのように規範的判断と関係していくか。他の研究が提示した「事実」や、社会、経済、政治の変化と関係しつつ、「人々の社会規範論議」においても相手にされるべき「事実」へと変化していった過程を振り返りながら、実証研究知のはたした役割について反省(再帰)的に論じてみたい。その際、注目するのは、予見の正確さの問題ではなく、研究知の「再埋め込み」の問題である(4)。

九五年以後、教育社会学研究が提示した「事実」は、他の社会科学研究が示した「事実」と積み重なって、社会の不平等化、階層化という問題構成を日本社会に浸透させていった。他の研究としては、橘木俊詔の『日本の経済格差　所得と資産から考える』（岩波新書）が一九九九年に、佐藤俊樹の『不平等社会日本』（中公新書）が二〇〇〇年に、それぞれ新書として刊行されベストセラーとなったことは記憶に新しい。データベースを使って新聞記事や雑誌に登場する「階層化」や「格差」といったキーワードの頻度を調べるまでもなく、この一〇年間で、階層化や格差といった表現が一般の人びとの目につくようになった。

その背後には、バブル経済崩壊の影響が人びとの日常生活にまで及び、失業率が高まり、正規雇用から非正規雇用への流れが確実なものとなり、雇用の不安定化が進んだことがある。フリーターやニートといった若者の出現を、マスコミが取り上げるようになったこともそうだ。さらには、二〇〇一年の所得税制度の改革により、累進税率の引き下げが行われ、最高税率が五〇％から三七％になった。また、「勝ち組」「負け組」「二極化」という表現がマスコミにしばしば登場するようになったのも、二一世紀を迎えてからである。

教育についても、俗に「学力低下」論争と呼ばれる議論の中で、学力や学習意欲の格差拡大を示す「事実」が提示され、教育における階層化という問題提起がなされた。私自身、『大衆教育社会』以後、さまざまな調査を通じてそうした「事実」を発見し、それらをもとに、教育における階層化の進展という問題構成に直接かかわってきた。教育改革をめぐる議論においても、従来であれば、「ゆとり」か「詰め込み」かといった二分法や、「生きる力」か「学力向上」か、子ども中心か知識ないし教師中心かといった議論に収斂しがちであった論争が、こうした問題提起を受けて次のように変質した。すなわち、誰の、どんな「学力」が低下しているのかという視点から、教育における格差拡大と絡めて、学力の問題が論じられる機会が増えていったのである。私自身、教育社会学が得意とする調査研究というツールを使って、「事実」の発見に努めてきた。それに留まらず、そうした「事実」をできるだけ多くの人びとに知ってもらうための機会を求め、さらには自ら機会づくりに積極的に乗り出していった。こうした働きかけは、社会や教育の実態をデータに基づいて分析・解明しながら、そこで明らかとされた「事実」を用いて、教育の階層化という問題を社会的に構築していく過程にほかならなかった。

ところで、「社会運動論の社会学」では、「解釈図式」を意味するゴッフマンの枠づけ（frame）概念を援用して、「中心となる枠づけの課題（core framing tasks）」を解明しようという試みが行われている。「意味構築としての枠づけ（framing as meaning construction）」に着目するということである。「集合的行為の枠づけとは、運動の支持者たちが、ある問題状況を変えなければならないものとして定義づけ、その問題状況や問題となる条件についての理解を共有するために交渉し合い、誰が／何が非難に値するかの帰属先を確定し、代替となるべき編成を明確にし、他の人びとにも変化に向けて影響を及ぼすように連携協力する、そういう過程を通じて構築される」解釈枠組みであるということができる(5)。

何を問題と見なすべきか。「ある問題状況を変えなければならないものとして定義する」際の解釈枠組みは、どのように社会的に構築されるのか。もちろん、教育政策を作り出す主体は、社会運動家やその支持者とは異なる。しかし、ここで簡単に紹介した社会運動の社会学の「中心となる枠づけの課題」への注目は、社会的再帰性が高まった現代における政策過程にも応用可能である。

さまざまな情報や知識が、「中心となる枠づけの課題」設定に使われることは間違いない。何を問題として見なすかを枠づける解釈図式は、問題の中身と輪郭を示す知識を必要とするからである。そのなかで、社会科学の実証研究知は、社会の状態や趨勢を組織的・方法的に把握し提示するだけに、それ以外の研究知とは異なる役割をはたしうる。とくに「社会階層」といった機会や財の配分をめぐる社会現象は、アグリゲイトされて初めて認識可能になるマクロ的な社会現象である。何らかの操作的な手続きを通じて計量的に把握しなければ可視化されにくい。それだけに、実証研究の知は、マクロ的な社会問題を構築する上で、人びとの社会科学的リテラシーの高まりに応じて重要性をましていく。

社会問題の構築に向けて、実証研究知をどのように使いこなすか。それは、社会的再帰性の高まった現代社会において、問題構築の信憑をめぐる問題とも関係する。言い換えれば、社会問題として政策が扱うに値するという定義づけの基盤が、どれだけ「正しい事実認識」に基づいているかが問われるようになるということである。

もちろん、「正しさ」をめぐる問題は、相対的なものである。絶対的な正しさが問われるということではない。さらにいえば、どんなに「正しい事実認識」を提供したとしても、正しさの程度によって、問題構築の資源として利用される程度が決まるわけでもない。それでも、一〇年前に比べれば、教育政策をめぐる議論においても「証拠に基づく（evidence based）」事実認識が求められる度合いは高まってきたといっていいだろう。トートロジカルな主張にしかならないが、まさにそれこそが社会的再帰性の高まりの反映なのであり、社会の編成のされ方自体の変化を示しているのである。

とりわけ教育政策の分野においては、特定の事件の印象や個別の経験をもとに、「中心となる枠付けの課題」が決められてきたことが多かった。いじめによる子どもの自殺や少年・少女がかかわった殺人事件などへの社会や行政の反応・対応（しばしば感情的で、情緒的な反応をベースにすることがあり、それだけに事実の検証が不十分な場合が多い）を振り返ってみれば、明らかである。それだけに、問題構築の解釈図式に社会科学の実証研究知が取り入れられるようになった変化には、大きな意味がある。社会的再帰性のサイクルに、実証研究の知が組み入れられるようになったということである。黒崎氏の専門分野の教育行政学においても近年、計量的な実証研究が以前より行われるようになっている。こうした変化は、単なる流行とはいえないだろう。政策決定、政策評価といった領域においても、数値的に示される「証拠」の信憑性が問われるようになっている。「数値目標」の設定が政策決定の過程に組み込まれることに対応して、目標達成の評価も数値化される。「数量」による管理運営への信憑が高まることに対応して、教育行政学における研究動向にも変化が表れている。つまりは、社会的再帰性に教育行政学の研究も組み込まれるようになっていると見えるのである(6)。

社会的再帰性のプロセスの中で、社会問題構築の資源として実証研究の知を位置づけてみると、「事実を事実として解明する」ことと規範的判断との関係も明らかになる。手続きや方法上の厳密さが求められる一方で、実証研究といえども、「価値自由」ではありえないということだ。社会問題を構築する際に資源として使われる可能性を前提に、実証研究知の産出と提供が行われるのである。それゆえ、そのことに自覚的であれば、社会的再帰性のプロセスにおいて、その知がどのような「価値」を生み出すかには無頓着ではいられなくなる。実証研究知が社会に再度埋め込まれることで、人びとの社会問題の構築にどのような影響を与え、結果的に社会をどのように変えていくか。どのような「事実」を発見しようとするか。どのように発見するか。どのような文脈にのせて、その「事実」を報告するか。その決定には、規範的判断がつねにつきまとう。さらにいえば、研究の「予期せぬ影響」までを含めた規範的判断も、実証研究者には求められている。

ここにいたって、黒崎氏が提起した問題に、教育社会学者も正面から答えなければならなくなった。ただし、おそらくあの時の黒崎氏が念頭に置いていた規範的判断と、ここまでの議論で用いてきた規範的判断とは、ややその性格に変化が生じている点にも注意を喚起しておきたい。それは、社会的再帰性が高まった現代社会において、規範的判断の基準自体が、社会的再帰性のサイクルの中で反省的に捉え直しされる契機を含んでいるということである。

「事実」の提示によって、問題構築の解釈図式が変えられる可能性があると同時に、問題構築の仕方が変わることで、規範的判断の基準も変わりうる。一つだけ簡単な例をあげれば、たとえば、『大衆教育社会のゆくえ』で扱った教育の階層化という問題の場合でも、社会的公正という判断基準は、可変的である。社会的公正を実現するための改革が、教育システムの効率性を低下させているという「事実」の提示によって、影響されることも考えられる。あるいは、実証研究が示す教育における階層化の内実如何によって、社会的公正として何を想定するかも変わりうる。つまり、実証研究知として生み出される「事実」の意味も、規範的判断の基準も、社会的再帰性の高まる社会においては、固定的なものではなく、相互関連的であり、しかも可変的になるということだ。

そうだとすれば、規範的判断の「正しさ」も、実証研究が提示する「事実」の「正しさ」も、絶対的なものとしては措定できないことになる。いずれも、社会的再帰性のサイクルの中で、社会的に構成されたものだ、というところから出発せざるを得ない。言い方を変えれば、「正しさ」への信頼＝信憑の構築が問題となるのである。研究手続きの厳密さや倫理性を保障する「学問」という制度が機能しているかどうかも、この問題とかかわってくる。その意味では、実証研究知の「正しさ」のチェック機能を、学問共同体がはたすことが、以前にまして重要になってくるのである。

このようにみると、わずか一〇年間で、教育研究をめぐる状況が大きく変わってきたことに気づく。右か左かのイデオロギー対立の時代に変わって、「正しさ」の信憑をめぐる競争の時代が到来した。「事実」のもつ訴求力が、問題構築の資源としての力となる。そのことを知った上で、自らの研究成果を社会的再帰性のサイクルに投げ込んでいく。そして、変化する状況に応じて、その都度その都度規範的判断を下していく。そういう連続的で遂行的（performative）な営みとして、実証研究知の産出と消費が繰り返されるようになるのである。あとから振り返れば、一貫した規範的判断を下したとは見えない可能性もある。発見された「事実」の意味も、解釈図式が変わることで変化していくかもしれない。それも、当初の想定の範囲を超えて。それでも、研究知の社会への再埋め込みの過程を無視しては研究知の生産はできない。実証研究の知が、研究者本人の意図を超えて、他の問題構築の資源となる可能性も完全には遮断できない。そのことを含めた規範的判断とは、いったいどのようなものなのだろうか。

5　おわりに

一〇年近く前に書かれた黒崎氏の拙著への書評論文に啓発されながら、一〇年間の教育研究の変化を見てきた。よしあしの判断は別として、社会編成の原理として、数量による管理や運営が、経済以外の領域にも広まっていく。社会的再帰性の高まりが、こうした社会の「数量化」とパラレルに進行しているところに、実証研究知の立ち位置の変化が表れている。かつてであれば、誰も気に留めなかった「数字」が、人びとのリアリティ構成の重要な要素となり、それをもとに、社会問題の解釈図式が作り替えられていくという変化である。教育研究も、そうした変化から逃れることはできそうにない。とくに、「数量化」になじまない側面が重要な意味をもつ教育の領域では、数量化を組み込んだ社会的再帰性の高まりは、教育研究に難題を突きつける。

一方では、財政をはじめ、数量化になじんだインプットがあり、他方では、数量化になじまない部分を含んだ教育のアウトカムやアウトプットがある。数量化を拒むだけで、教育への信頼性が確保できた時代とは異なり、社会的公正の問題であれ、システムの効率性の問題であれ、社会的再帰性の要求に応える知の産出が研究者集団に求められる。一方では、「正しい」数量的な測定や評価が求められ、他方では、そうした教育の数量化の限界と問題点を明らかにする「正しい」規範的判断基準を提示しければならない。

一〇年経っても、黒崎氏の問題提起に十分に答えることはできなかった。いや、私が答えを出したとすれば、『大衆教育社会』以後、私自身がたどってきた研究活動という遂行的な営み自体がその答えなのだろう。問題の社会的構築の過程に組み込まれ、その都度に行ってきた規範的判断の積み重ねが、研究活動に反映していたとしか言い様がない。「事実」の提示と再埋め込みの連続である。そして、その判断の「正しさ」の程度は、学問共同体や社会の中での評価にさらされている。それでも、まだ当分はこんなことを続けていくのだろう。

最後に、こうしたセルフ・モニタリングの機会を与えてくださった黒崎勲氏に、一〇年の時を隔てて感謝の言葉を贈りたい。これもみな、学問共同体の恩恵の一つであるに違いない。

注

1 苅谷剛彦『大衆教育社会のゆくえ：学歴主義と平等神話の戦後史』中央公論新社、一九九五年。

2 黒崎勲「教育社会学と規範的判断――苅谷剛彦『大衆教育社会のゆくえ』を読む」『教育学年報5 教育と市場』世織書房、五〇五―五一一頁、一九九六年。ほかに拙著への書評として以下のものがあった。西本勝美『教育』(教育科学研究会編、国土社)四六(六)、一一九―一二二頁、一九九六年、橋爪貞雄『教育社会学研究』(日本教育社会学会)(五八)、一三五―一三七頁、一九九六年、北口末広『部落解放研究』(部落解放・人権研究所編/部落解放・人権研究所)(一一〇)、六七―七〇頁、一九九六年、汐見稔幸『教育学研究』(日本教育学会)六四(二)、二〇二―二〇四頁、一九九七年。

3 アンソニー・ギデンズ『左派右派を越えて：ラディカルな政治の未来像』松尾精文・立松隆介訳(而立書房、二〇〇二＝一九九四年)、一八頁。

4　学校臨床社会学の立場から、研究知の「再埋め込み」について論じたものとして、清水睦美「学校現場における教育社会学者の臨床的役割の可能性を探る：ニューカマーを支援する学校文化変革の試みを手がかりとして」『教育社会学研究』（日本教育社会学会）（七四）、一一一—一二六頁、二〇〇四年を参照。

5　Benford, Robert, D. and Snow, David, A., "Framing Processes and Social Movement : An Overview and Assessment", *Annual Review of Sociology*, vol.26, 2000, pp.611-639.

6　近年の教育社会学における政策研究の取り組みと教育行政学における調査研究の取り組みとは、従来の教育社会学と教育行政学の境界を突き崩しつつある。

あとがき

執筆をお願いしたい候補者をリストアップして、いささか唐突に依頼の手紙を差し上げたのは二〇〇四年一〇月のことでした。かなり注文の多い依頼であったためどれだけの方が応じてくださるか正直心許なかったのですが、幸いにして編者らの期待を満たすに十分な賛同者を得ることができ、本書の企画は船出しました。ところがその後、いくつかの事情が重なり、本書が陽の目を見るまでに実に二年の歳月を要してしまい、その間、早くから原稿を提出してくださった執筆者の方々には止め処なく長い忍耐と寛容をお願いする結果になってしまいました。ひとえに編者らの責任です。ここにあらためてお詫びを申し上げるとともに、にもかかわらずいずれも素晴らしい論考をお寄せくださったことに心から感謝いたします。

本書が難産に苦しんでいる間も、わが国の教育をめぐる情勢はめまぐるしく動き、さまざまな出来事が抑制しがたい流れのなかで揉み煽られています。本書もまたもちろん、そうした出来事のひとつであらざるをえませんが、揉まれつつも煽られず自らがそこに巻き込まれている流れを熟視（theorein）しようとそれぞれの章が試みています。本書を手にとってくださる方々にも、それぞれがそれぞれのやり方でそれぞれの教育を熟視する手掛かりを差し出すことができれば……と念じる次第です。

最後に、本書はいろいろな意味において世織書房の伊藤晶宣さんとの共同作業の産物です。ありがとうございました。

二〇〇七年一月

編者

〈編者・執筆者一覧〉
田原宏人（たはら・ひろと）札幌大学教職課程教授・編者〈序＋５章＋８章〉
高野良一（たかの・りょういち）法政大学キャリアデザイン学部教授〈２章〉
小玉重夫（こだま・しげお）お茶の水女子大学大学院人間文化研究科教授〈３章〉
前原健二（まえはら・けんじ）東京電機大学理工学部助教授〈４章〉
足立英郎（あだち・ひでお）大阪電機通信大学工学部人間科学研究センター教授〈６章〉
横田守弘（よこた・もりひろ）西南学院大学大学院法務研究科教授〈７章〉
大田直子（おおた・なおこ）首都大学東京人文科学研究科教授・編者〈９章〉
苅谷剛彦（かりや・たけひこ）東京大学大学院教育学研究科教授〈10章〉

教育のために———理論的応答

2007年５月１日　第１刷発行©

編　者｜田原宏人・大田直子
発行者｜伊藤晶宣
発行所｜(株)世織書房
印刷所｜(株)マチダ印刷
製本所｜協栄製本(株)

〒220-0042 神奈川県横浜市西区戸部町７丁目240番地 文教堂ビル
電話045(317)3176　振替00250-2-18694

落丁本・乱丁本はお取替いたします　Printed in Japan
ISBN978-4-902163-30-8